Taschenbücherei · Texte & Materialien

Herausgegeben von
Klaus-Ulrich Pech und Rainer Siegle

Siebzehn Kurzgeschichten

mit Materialien,
zusammengestellt von Klaus-Ulrich Pech

Ernst Kl
Stuttgai

Im Internet unter **www.klett.de/online** finden Sie zu dem Titel *17 Kurzgeschichten* einen Lektürekommentar, der methodisch-didaktische Hilfen und Anregungen enthält: Stundenplanungen, Lernzielvorschläge, Projektanregungen.
Geben Sie dort in das Feld »**online-Link**« folgende Nummer ein: **262713-0000**

1. Auflage 1 6 5 4 3 | 2014 2013 2012 2011

Alle Drucke dieser Auflage können im Unterricht nebeneinander benutzt werden, sie sind untereinander unverändert. Die letzte Zahl bezeichnet das Jahr dieses Druckes.

Der Text wurde der reformierten Rechtschreibung angepasst.

Redaktion: Veronika Roller
Umschlaggestaltung und Layout: Sandra Schneider
Herstellung: Dea Hädicke
Satz: 2 women production, Brigitte Köhler, Leipzig
Umschlagfoto: Mauritius (Nonstock Untitled), Mittenwald

Reproduktion: Meyle + Müller, Medien-Management, Pforzheim
Druck: Beltz Druckpartner, Hemsbach

Printed in Germany

ISBN 978-3-12-262713-3

9 783122 627133

Inhalt

Drei typische Kurzgeschichten

Die Probe

Herbert Malecha

Redluff sah, das schrille Quietschen der Bremsen noch in den Ohren, wie sich das Gesicht des Fahrers ärgerlich verzog. Mit zwei taumeligen Schritten war er wieder auf dem Gehweg. »Hat es Ihnen was gemacht?« Er fühlte sich am Ellbogen angefasst. Mit einer fast brüsken Bewegung machte er sich frei. »Nein, nein, schon gut. Danke«, sagte er noch, beinah schon über die Schulter, als er merkte, dass ihm der Alte nachstarrte.

Eine Welle von Schwäche stieg von seinen Knien auf, wurde fast zur Übelkeit. Das hätte ihm gerade gefehlt, angefahren auf der Straße liegen, eine gaffende Menge und dann die Polizei. Er durfte jetzt nicht schwach werden, nur weiterlaufen, unauffällig weiterlaufen zwischen den Vielen auf der hellen Straße. Langsam ließ das Klopfen im Halse nach. Seit drei Monaten war er zum ersten Mal wieder in der Stadt, zum ersten Mal wieder unter so viel Menschen. Ewig konnte er in dem Loch sich ja nicht verkriechen, er musste einmal wieder raus, wieder Kontakt aufnehmen mit dem Leben, überhaupt raus aus allem. Ein Schiff musste sich finden lassen, möglichst noch, bevor es Winter wurde. Seine Hand fuhr leicht über die linke Brustseite seines Jacketts, er spürte den Pass, der in der Innentasche steckte; gute Arbeit war dieser Pass, er hatte auch nicht schlecht dafür bezahlt.

Die Autos auf der Straße waren zu einer langen Kette aufgefahren. Nur stockend schoben sie sich vorwärts. Menschen gingen an ihm vorbei, kamen ihm entgegen; er achtete darauf, dass sie ihn nicht streiften. Einem Platzregen von Gesichtern war er ausgesetzt, fahle Ovale, die sich mit dem wechselnden Reklamelicht verfärbten. Redluff strengte sich an, den Schritt der Vielen anzunehmen, mitzuschwimmen mit dem Strom. Stimmen, abgerissene Gesprächsfetzen schlugen an sein Ohr, jemand lachte. Für eine Sekunde haftete sein Blick an dem Gesicht einer Frau, ihr offener, bemalter Mund sah schwarz gerändert aus. Die Autos fuhren jetzt an, ihre Motoren summten auf. Eine Straßenbahn schrammte vorbei. Und wieder Menschen, Menschen, ein Strom flutender Gesichter, Sprechen und hundertfache Schritte. Redluff fuhr unwillkürlich mit der Hand an seinen Kragen. An seinem Hals merkte er, dass seine Finger kalt und schweißig waren. Wovor habe ich denn eigentlich Angst, verdammte Einbildung, wer soll mich denn schon erkennen in dieser Menge, sagte er sich. Aber er spürte nur zu genau, dass er in ihr nicht eintauchen konnte, dass er wie ein Kork auf dem Wasser tanzte, abgestoßen und weitergetrieben. Ihn fror plötzlich. Nichts wie verdammte Einbildung, sagte er sich wieder. Vor drei Monaten war das ja noch anders, da stand sein Name schwarz auf rotem Papier auf jeder Anschlagsäule zu lesen, Jens Redluff; nur gut, dass das Foto so schlecht war. Der Name stand damals fett in den Schlagzeilen der Blätter, wurde dann kleiner und kleiner, auch das Fragezeichen dahinter, rutschte in die letzten Spalten und verschwand bald ganz.

Redluff war jetzt in eine Seitenstraße abgebogen, der Menschenstrom wurde dünner, noch ein paar Abbiegungen und die Rinnsale lösten sich auf, zerfielen in einzelne Gestalten, einzelne Schritte. Hier war es dunkler. Er konnte den Kragen öffnen und die Krawatte nachlassen. Der Wind brachte einen brackigen Lufthauch vom Hafen her. Ihn fröstelte.

Ein breites Lichtband fiel quer vor ihm über die Straße, jemand kam aus dem kleinen Lokal, mit ihm ein Dunst nach Bier, Qualm und Essen. Redluff ging hinein. Die kleine, als Café aufgetakelte Kneipe war fast leer, ein paar Soldaten saßen herum, grelle Damen in ihrer Gesellschaft. Auf den kleinen Tischen standen Lämpchen mit pathetisch roten Schirmen. Ein Musikautomat begann aus der Ecke zu hämmern. Hinter der Theke lehnte ein dicker Bursche mit bloßen Armen. Er schaute nur flüchtig auf.

»Cognac, doppelt«, sagte Redluff zu dem Kellner. Er merkte, dass er seinen Hut noch in der Hand hielt, und legte ihn auf den leeren Stuhl neben sich. Er steckte sich eine Zigarette an, die ersten tiefen Züge machten ihn leicht benommen. Schön warm war es hier, er streckte seine Füße lang aus. Die Musik hatte gewechselt. Über

gezogen jaulenden Gitarrentönen hörte er halblautes Sprechen, ein spitzes Lachen vom Nachbartisch. Gut saß es sich hier.
Der Dicke hinter der Theke drehte jetzt seinen Kopf nach der Tür. Draußen fiel eine Wagentür schlagend zu. Gleich darauf kamen zwei Männer herein, klein und stockig der eine davon. Er blieb in der Mitte stehen, der andere, im langen Ledermantel, steuerte auf den Nachbartisch zu. Keiner von beiden nahm seinen Hut ab. Redluff versuchte hinüberzuschielen, es durchfuhr ihn. Er sah, wie der Große sich über den Tisch beugte, kurz etwas Blinkendes in der Hand hielt. Die Musik hatte ausgesetzt. »What's he want?«, hörte er den Neger vom Nebentisch sagen. »What's he want?« Er sah seine wulstigen Lippen sich bewegen. Das Mädchen kramte eine bunte Karte aus ihrer Handtasche. »What's he want?«, sagte der Neger eigensinnig. Der Mann war schon zum nächsten Tisch gegangen. Redluff klammerte sich mit der einen Hand an die Tischkante. Er sah, wie die Fingernägel sich entfärbten. Der rauchige Raum schien ganz leicht zu schwanken, ganz leicht. Ihm war, als müsste er auf dem sich neigenden Boden jetzt langsam samt Tisch und Stuhl auf die andere Seite rutschen. Der Große hatte seine Runde beendet und ging auf den anderen zu, der immer noch mitten im Raum stand, die Hände in den Manteltaschen. Redluff sah, wie er zu dem Großen etwas sagte. Er konnte es nicht verstehen. Dann kam er geradewegs auf ihn zu.
»Sie entschuldigen«, sagte er, »Ihren Ausweis, bitte!« Redluff schaute erst gar nicht auf das runde Metall in seiner Hand. Er drückte seine Zigarette aus und war plötzlich völlig ruhig. Er wusste es selbst nicht, was ihn mit einmal so ruhig machte, aber seine Hand, die in die Innentasche seines Jacketts fuhr, fühlte den Stoff nicht, den sie berührte, sie war wie von Holz. Der Mann blätterte langsam in dem Pass, hob ihn besser in das Licht. Redluff sah die Falten auf der gerunzelten Stirn, eins, zwei, drei. Der Mann gab ihm den Pass zurück. »Danke, Herr Wolters«, sagte er. Aus seiner unnatürlichen Ruhe heraus hörte Redluff sich selber sprechen. »Das hat man gern, so kontrolliert werden wie –«, er zögerte etwas, »ein Verbrecher!« Seine Stimme stand spröde im

Raum. Er hatte doch gar nicht so laut gesprochen. »Man sieht manchmal jemand ähnlich«, sagte der Mann, grinste, als hätte er einen feinen Witz gemacht. »Feuer?« Er fingerte eine halbe Zigarre aus der Manteltasche. Redluff schob seine Hand mit dem brennenden Streichholz längs der Tischkante ihm entgegen. Die beiden gingen.

Redluff lehnte sich in seinen Stuhl zurück. Die Spannung in ihm zerbröckelte, die eisige Ruhe schmolz. Er hätte jubeln können. Das war es, das war die Probe und er hatte sie bestanden. Triumphierend setzte der Musikautomat wieder ein. »He, Sie vergessen Ihren Hut«, sagte der Dicke hinter der Theke. Draußen atmete er tief, seine Schritte schwangen weit aus, am liebsten hätte er gesungen.

Langsam kam er wieder in belebtere Straßen, die Lichter nahmen zu, die Läden, die Leuchtzeichen an den Wänden. Aus einem Kino kam ein Knäuel Menschen, sie lachten und schwatzten, er mitten unter ihnen. Es tat ihm wohl, wenn sie ihn streiften. »Hans«, hörte er eine Frauenstimme hinter sich, jemand fasste seinen Arm. »Tut mir leid«, sagte er und lächelte in das enttäuschte Gesicht. Verdammt hübsch, sagte er zu sich. Im Weitergehen nestelte er an seiner Krawatte. Dunkel glänzende Wagen sangen über den blanken Asphalt, Kaskaden wechselnden Lichts ergossen sich von den Fassaden, Zeitungsverkäufer riefen die Abendausgaben aus. Hinter einer großen, leicht beschlagenen Spiegelglasscheibe sah er undeutlich tanzende Paare; pulsierend drang die Musik abgedämpft bis auf die Straße. Ihm war wie nach Sekt. Ewig hätte er so gehen können, so wie jetzt. Er gehörte wieder dazu, er hatte den Schritt der Vielen, es machte ihm keine Mühe mehr. Im Sog der Menge ging er über den großen Platz auf die große Halle zu mit ihren Ketten von Glühlampen und riesigen Transparenten. Um die Kassen vor dem Einlass drängten sich Menschen. Von irgendwoher flutete Lautsprechermusik. Stand dort nicht das Mädchen von vorhin? Redluff stellte sich hinter sie in die Reihe. Sie wandte den Kopf, er spürte einen Hauch von Parfüm. Dicht hinter ihr zwängte er sich durch den Einlass. Immer noch flutete die Musik, er hörte ein Gewirr von Hunderten von Stimmen. Ein paar Polizisten suchten etwas Orientierung in das Gedränge zu bringen. Ein Mann in einer Art Portiersuniform nahm ihm seine Einlasskarte ab. »Der, der!«, rief er auf einmal und deutete aufgeregt hinter ihm her. Gesichter wandten sich, jemand im schwarzen Anzug kam auf ihn zu, ein blitzendes Ding in der Hand. Gleißendes Scheinwerferlicht übergoss ihn. Jemand drückte ihm einen Riesenblumenstrauß in die Hände. Zwei strahlend lächelnde Mädchen hakten ihn rechts und links unter, Fotoblitze zuckten. Und zu allem dröhnte eine geölte Stimme, die vor innerer Freudigkeit fast zu bersten schien: »Ich darf Ihnen im Namen der Direktorin von ganzem Herzen gratulieren. Sie sind der hunderttausendste Besucher der Ausstellung!« Redluff stand wie betäubt. »Und jetzt sagen Sie uns Ihren werten Namen«, schmalzte die Stimme unwiderstehlich weiter. »Redluff, Jens Redluff«, sagte er, noch ehe er wusste, was er sagte, und schon hatten es die Lautsprecher dröhnend bis in den letzten Winkel der riesigen Halle getragen.

Der Kordon[1] der Polizisten, der eben noch die applaudierende Menge zurückgehalten hatte, löste sich langsam auf. Sie kamen auf ihn zu.

Zwei Männer

Günther Weisenborn

Als der Wolkenbruch, den sich der argentinische Himmel damals im Februar leistete, ein Ende gefunden hatte, stand das ganze Land unter Wasser. Und unter Wasser standen die Hoffnungen des Pflanzers von Santa Sabina. Wo ein saftgrünes Vermögen in Gestalt von endlosen Teefeldern mit mannshohen Yerbabüschen gestanden hatte, dehnte sich morgens ein endloses Meer. Der Farmer war vernichtet, das wusste er. Er saß auf einer Maiskiste neben seinem Haus und zählte die fetten Blasen,

1 Postenkette, Absperrung

die an seine Schuhe trieben und dort zerplatzten. Das Maisfeld glich einem See. Der Rancho[2] des Peons[3] war darin verschwunden. Sein Schilfdach trieb im Strom davon, eine nickende Straußenleiche vor sich herschiebend. Der Peon hatte sich zu seinem Herrn geflüchtet und saß neben ihm. Er war ein Indio, der mit breitem, eisernem Gesicht ins Leere starrte. Seine Frau war ertrunken, als sie sich losließ, um ihre Hände zur Madonna zu erheben. Der Peon hatte drei Blasen gezählt. Ihre Hand hatte die letzte Blase zerschlagen.

Der Farmer hatte seine Frau in der Stadt. Sie würde vergeblich auf seinen Schritt vor der Tür warten. Denn der Farmer gab sich noch eine Nacht. Es ist unter Männern Brauch, dass man sich in gewissen Lagen die letzte Zigarette teilt. Der Farmer, im Begriff, nach Mannes Art zu handeln, wurde von seinem Peon unterbrochen. »Herr!«, rief der Indio, »der Parana! Der Strom kommt …!«

Er hatte Recht. Man hörte in der Ferne ein furchtbares Donnern. Der Parana, angeschwollen von Wasser und Wind, brach in die Teeprovinzen ein. Parana, das heißt der größte Strom Argentiniens. Dieses Donnern war das Todesurteil für die Männer von Santa Sabina. Sie verstanden sich auf diese Sprache, die Männer. Sie hatten tausendmal dem Tod ins Auge gesehen.

Sie hatten das Weiße im Auge des Pumas gesehen und der Korallenschlange ins kalt strahlende Gesicht. Sie hatten dem Jaguar gegenübergestanden und der großen Kobra, die sich blähte. Sie hatten alle diese Begegnungen für sich entschieden, denn ihr Auge war kalt und gelassen ihre Hand.

Jetzt aber halfen keine Patronen und kein scharfes Auge.

Dieser Feind hier, das Wasser, war bösartig wie hundert Schlangen, die heranzischten, und todesdurstig wie der größte Puma auf dem Ast. Man konnte das Wasser schlagen, es wuchs. Man konnte hineinschießen, es griff an. Es biss nicht, es stach nicht, das Wasser, es suchte sich nur mit kalten Fingern eine Stelle am Mann, seinen Mund, um ihn anzufüllen, bis Blasen aus der Lunge quol-

2 Farm

3 Tagelöhner in Südamerika

len. Das Wasser war gelb und lautlos. Und man sah vor Regen den Himmel nicht.

Auf einer kleinen Insel, halb unsichtbar in der triefenden Finsternis, saß der Farmer mit seinem Peon vor seinem Haus.

Dann kam der große Parana. Er kam nicht mit Pauken und Posaunen. Nein, man merkte ihn gar nicht. Aber plötzlich stand der Schuh des Farmers im Wasser. Er zog ihn zurück. Aber nach einer Weile stand der Schuh wieder im Wasser, weiß der Teufel ... Und wenn man die Maiskiste zurücksetzte, so musste man sie bald noch ein wenig zurücksetzen, denn kein Mann sitzt gern im Wasser.

Das war alles, aber das war der Parana.

Gegen Abend fiel das Hühnerhaus um. Man hörte das halb erstickte Kreischen der Vögel, dann war es wieder still. Später zischte es plötzlich im Wohnhaus auf, denn das Wasser war in den Herd gedrungen.

Als es dunkel wurde, standen der Farmer und sein Peon bereits bis zum Bauch im Wasser. Sie kletterten auf das Schilfdach. Dort auf dem Gipfel saßen sie schweigend, dunkle Schatten in der dunkelsten aller Nächte, indes Töpfe und Kästen aus den Häusern hinausschwammen. Ein Stuhl stieß unten das Glasfenster in Scherben. Das Wasser rauschte. Die Blasen platzten. Ein totes Huhn schwamm im Kreise vor der Haustür.

Als das Wasser das Dach erreicht hatte, stieß es die Hausmauern nachlässig um. Das Dach stürzte von den gebrochenen Pfosten, schaukelte und krachte, dann drehte es sich um sich selbst und trieb in die rauschende Finsternis hinaus.

Das Dach ging einen langen Weg. Es fuhr kreischend zu Tal. Es trieb am Rande der großen Urwälder vorbei, es segelte durch eine Herde von Rindern, die mit himmelwärts gestreckten Beinen totenstill auf dem wirbelnden Wasser trieben. Glotzäugige Fische schossen vor dem Schatten des Daches davon. Schwarze Aasgeier trieben, traubenweise an ein Pferd gekrallt, den Strom hinab. Sie blickten mordlustigen Auges herüber ... Blüten, Möbel und Leichen vereinigten sich zu einem Zug des Todes, der talwärts fuhr, einem undurchsichtigen Ende entgegen.

Gegen Morgen richtete sich der Farmer auf und befahl seinem Peon, nicht einzuschlafen. Der Indio verwunderte sich über die harte Stimme seines Herrn.
Er wäre bedenkenlos dem Farmer um die Erde gefolgt. Er war Indio und wusste, was ein Mann ist. Aber er wusste auch, dass ein Mann ein schweres Gewicht hat. Wenn nur ein Mann auf dem Dach sitzt, so hält es natürlich länger, nicht wahr, als wenn es unter dem schweren Gewicht zweier Männer auseinanderbricht und versinkt. Und dann gute Nacht …
Er glaubte nicht, dass der Farmer gutwillig das Dach verlassen würde, aber man konnte ihn hinunterkippen, denn es ging hier um Leben und Tod. Das dachte der Indio und rückte näher. Sein Gesicht war steinern, es troff von Regen.
Das Dach würde auf keinen Fall mehr bis zum Morgen schwimmen. Jetzt schon brachen einzelne Bündel ab und schwammen nebenher. Die Männer mitten auf dem furchtbaren Strom wussten nicht, wo sie waren. Dichter Nebel fuhr mit ihnen. Ringsum schien das Wasser stillzustehen. Fuhren sie im Kreis? Sie wussten es nicht. Sie sahen sich an.
Da folgte der Farmer dem Brauch aller Männer, zog seine letzte Zigarette, brach sie in zwei Teile und bot dem Indio einen an. Sie rissen das Papier ab und kauten den Tabak, da sie kein Feuer hatten. Er ist ein guter Kamerad, dachte der Peon. Es hat keinen Zweck. Es soll alles seinen Weg gehen. Als er den würzigen Geschmack des Tabaks fühlte, wurde aus der Feindschaft langsam ein Gefühl der Treue. Was willst du? Der Peon hatte seine Frau verloren und sein Kind. Sie hatte die letzte Blase ihres Atems mit ihrer Hand zerschlagen. Er hatte nichts mehr, was ihn zu leben verlockte. Das Schilfdach sank immer tiefer. Wenn er selbst ins Wasser sprang, hielt das Dach vielleicht noch und trug seinen Herrn bis zum Morgen.
Der Dienst ist aus, adios Senor! Der Peon kletterte über den Giebel bis an den Rand des Daches, als er plötzlich im dunklen Wasser Kaimane[4] rauschen sah, Jaquares[5], die ihn aufmerksam an-

4 Krokodilart
5 Krokodilart

starrten. Zum ersten Mal verzog der Indio sein Gesicht, dann hielt er den Atem an und sprang. Aber er wurde im selben Augenblick von seinem Herrn gehalten, der ihn wieder aus dem Wasser zog und seinen Peon zornglühend anschrie. Kreideweiß, mit rot geränderten Augen und triefenden Haaren, beugte sich der Farmer über ihn, nannte ihn den Vater allen Unsinns und rüttelte ihn. Dann befahl er ihm, seinen Platz einzunehmen und den Mut nicht zu verlieren, verdammt noch mal …!
Gegen Morgen trieben sie an Land, sprangen über Baumäste und wateten stundenlang, bis sie ins Trockene kamen. Sie klopften den Boden mit Stöcken nach Schlangen ab, und ehe sie sich zum Schlafen in das Maisfeld legten, sagte der Farmer:
»Morgen gehen wir zurück und fangen wieder an.«
»Bueno«, sagte der Indio. Der Regen hörte auf.

Nachts schlafen die Ratten doch

Wolfgang Borchert

Das hohle Fenster in der vereinsamten Mauer gähnte blaurot voll früher Abendsonne. Staubgewölke flimmerten zwischen den steil gereckten Schornsteinresten. Die Schuttwüste döste.
Er hatte die Augen zu. Mit einmal wurde es noch dunkler. Er merkte, dass jemand gekommen war und nun vor ihm stand, dunkel, leise. Jetzt haben sie mich!, dachte er. Aber als er ein bisschen blinzelte, sah er nur zwei etwas ärmlich behoste Beine. Die standen ziemlich krumm vor ihm, dass er zwischen ihnen hindurchsehen konnte. Er riskierte ein kleines Geblinzel an den Hosenbeinen hoch und erkannte einen älteren Mann. Der hatte ein Messer und einen Korb in der Hand. Und etwas Erde an den Fingerspitzen.
Du schläfst hier wohl was?, fragte der Mann und sah von oben auf das Haargestrüpp herunter. Jürgen blinzelte zwischen den Beinen des Mannes hindurch in die Sonne und sagte: Nein, ich schlafe nicht. Ich muss hier aufpassen. Der Mann nickte: So, dafür hast du wohl den großen Stock da?

Ja, antwortete Jürgen mutig und hielt den Stock fest.
Worauf passt du denn auf?
Da kann ich nicht sagen. Er hielt die Hände fest um den Stock.
Wohl auf Geld, was? Der Mann setzte den Korb ab und wischte das Messer an seinem Hosenboden hin und her.
Nein, auf Geld überhaupt nicht, sagte Jürgen verächtlich. Auf ganz etwas anderes.
Na, was denn?
Ich kann es nicht sagen. Was anderes eben.
Na, denn nicht. Dann sage ich dir natürlich auch nicht, was ich hier im Korb habe. Der Mann stieß mit dem Fuß an den Korb und klappte das Messer zu.
Pah, kann mir denken, was in dem Korb ist, meinte Jürgen geringschätzig, Kaninchenfutter.
Donnerwetter, ja!, sagte der Mann verwundert, bist ja ein fixer Kerl. Wie alt bist du denn?
Neun.
Oha, denk mal an, neun also. Dann weißt du ja auch, wie viel drei mal neun sind, wie?
Klar, sagte Jürgen und um Zeit zu gewinnen, sagte er noch: Das ist ja ganz leicht. Und er sah durch die Beine des Mannes hindurch. Dreimal neun, nicht?, fragte er noch mal, siebenundzwanzig. Das wusste ich gleich.
Stimmt, sagte der Mann, genauso viel Kaninchen habe ich.
Jürgen machte einen runden Mund: Siebenundzwanzig?
Du kannst sie sehen. Viele sind noch ganz jung. Willst du?
Ich kann doch nicht. Ich muss doch aufpassen, sagte Jürgen unsicher.
Immerzu?, fragte der Mann, nachts auch?
Nachts auch. Immerzu. Immer. Jürgen sah an den krummen Beinen hoch. Seit Sonnabend schon, flüsterte er.
Aber gehst du denn gar nicht nach Hause? Du musst doch essen.
Jürgen hob einen Stein hoch. Da lag ein halbes Brot.
Und eine Blechschachtel.
Du rauchst?, fragte der Mann, hast du denn eine Pfeife?

Jürgen fasste seinen Stock fest an und sagte zaghaft: Ich drehe, Pfeife mag ich nicht.
Schade, der Mann bückte sich zu seinem Korb, die Kaninchen hättest du ruhig mal ansehen können. Vor allem die Jungen. Vielleicht hättest du dir eines ausgesucht. Aber du kannst hier ja nicht weg.
Nein, sagte Jürgen traurig, nein nein.
Der Mann nahm den Korb und richtete sich auf. Na ja, wenn du hierbleiben musst – schade. Und er drehte sich um. Wenn du mich nicht verrätst, sagte Jürgen da schnell, es ist wegen den Ratten.
Die krummen Beine kamen einen Schritt zurück: Wegen den Ratten?
Ja, die essen doch von Toten. Von Menschen. Da leben sie doch von.
Wer sagt das?
Unser Lehrer.
Und du passt nun auf die Ratten auf?, fragte der Mann.
Auf die doch nicht! Und dann sagte er ganz leise: Mein Bruder, der liegt nämlich da unten. Da. Jürgen zeigte mit dem Stock auf die zusammengesackten Mauern. Unser Haus kriegte eine Bombe. Mit einmal war das Licht weg im Keller. Und er auch. Wir haben noch gerufen. Er war viel kleiner als ich. Erst vier. Er muss hier ja noch sein. Er ist doch viel kleiner als ich.
Der Mann sah von oben auf das Haargestrüpp. Aber dann sagte er plötzlich: Ja, hat euer Lehrer euch denn nicht gesagt, dass die Ratten nachts schlafen?
Nein, flüsterte Jürgen und sah mit einmal ganz müde aus, das hat er nicht gesagt.
Na, sagte der Mann, das ist aber ein Lehrer, wenn er das nicht mal weiß. Nachts schlafen die Ratten doch. Nachts kannst du ruhig nach Hause gehen. Nachts schlafen sie immer. Wenn es dunkel wird, schon.
Jürgen machte mit seinem Stock kleine Kuhlen in den Schutt.
Lauter kleine Betten sind das, dachte er, alles kleine Betten. Da sagte der Mann (und seine krummen Beine waren ganz unruhig

dabei): Weißt du was? Jetzt füttere ich schnell meine Kaninchen, und wenn es dunkel wird, hole ich dich ab. Vielleicht kann ich eins mitbringen. Ein kleines, oder, was meinst du?

Jürgen machte kleine Kuhlen in den Schutt. Lauter kleine Kaninchen. Weiße, graue, weißgraue. Ich weiß nicht, sagte er leise und sah auf die krummen Beine, wenn sie wirklich nachts schlafen.

Der Mann stieg über die Mauerreste weg auf die Straße. Natürlich, sagte er von da, euer Lehrer soll einpacken, wenn er das nicht mal weiß.

Da stand Jürgen auf und fragte: Wenn ich eins kriegen kann? Ein weißes vielleicht?

Ich will mal versuchen, rief der Mann schon im Weggehen, aber du musst hier so lange warten. Ich gehe dann mit dir nach Hause, weißt du? Ich muss deinem Vater doch sagen, wie so ein Kaninchenstall gebaut wird. Denn das müsst ihr ja wissen.

Ja, rief Jürgen, ich warte. Ich muss ja noch aufpassen, bis es dunkel wird. Ich warte bestimmt. Und er rief: Wir haben auch noch Bretter zu Hause. Kistenbretter, rief er.

Aber das hörte der Mann schon nicht mehr. Er lief mit seinen krummen Beinen auf die Sonne zu. Die war schon rot vom Abend und Jürgen konnte sehen, wie sie durch die Beine hindurchschien, so krumm waren sie. Und der Korb schwenkte aufgeregt hin und her. Kaninchenfutter war da drin. Grünes Kaninchenfutter, das war etwas grau vom Schutt.

Kurzgeschichten zum Thema
Krieg – Gewalt – Terror

Iljas Tauben

Hans Bender

Mein Leutnant hatte immer Hunger. Wenn er nicht schoss, hatte er ein Stück Brot zwischen den Zähnen, ein Wurstbrot, ein Schmalzbrot, Fleisch oder Speck.

Aber nichts aß er lieber als Tauben. Wenn wir durch die Dörfer marschierten, und auf einem Dach oder in der Luft zeigte sich eine Taube, schoss er sie ab. Das machte auch mir Spaß. Ich hatte ein Gewehr mit einem Zielfernrohr und traf immer. Das Geschoss des Infanteriegewehrs war eigentlich zu groß für den kleinen Körper. Die Federn flogen in Büscheln davon und der Balg war meist völlig zerrissen.

Ich war der Bursche des Leutnants. Ich musste die Tauben auch braten. Ich hatte da meine eigene Methode. Ich nahm sie aus, rupfte sie und legte sie in einen Topf, in dem ein Klacks Butter zerschmolz, dazu Salz, Pfeffer und, wenn ein Garten in der Nähe war, ein Bündel zerschnittener Petersilie. Nach zehn Minuten brotzelte die Taube. Ich drehte sie um. Nach zwanzig Minuten war sie auf beiden Seiten braun und der Duft hob den Deckel. Ich legte sie auf einen Teller und brachte sie dem Leutnant. Mit einem Stück Brot strich ich die Topfwände und den Topfboden sauber.

In Sewastopol hatten wir, gleich in den ersten Tagen, hohe Ausfälle. Als wir noch zwölf waren, zog uns der Kommandant heraus und schickte uns an die entgegengesetzte Küste der Krim, wo wir eine Schutzstellung besetzen und uns erholen sollten.

In dem Dorf Ossowiny stiegen wir von den Fahrzeugen. An der Straße stand eines dieser waschblau gekalkten russischen Häuser. Es hatte blanke Fensterscheiben. Immer, wenn ich Quartier suchte, sah ich nach den Fensterscheiben, denn wie die Scheiben waren ihre Bewohner und die Zimmer.

Auch der Leutnant sah wie hypnotisiert nach dem Haus. »Da schau«, sagte er und zeigte mit dem Stöckchen nach dem Dach. Auf den Schindeln saßen etwa zwei Dutzend gut genährter Tauben mit geplustertem Schwanz.

»Hier bleiben wir«, sagte er zu mir. Und zu den anderen sagte er: »Sucht euch was in der Nähe!«
Wir ließen unser Fahrzeug, einen Panjewagen mit zwei Pferden, vor der Gattertür halten, zerrten das Gepäck heraus und gingen in den Hof. Links lag das Haus, rechts ein Garten mit Rosenbüschen, Kartoffelbeeten und Zwiebelstauden. In der Mitte, geradeaus, stand ein gemauerter Herd, daneben aufgeschichtet getrocknete Kuhmistfladen, das Holz der waldarmen Krim.
Die Frau fanden wir in der Küche. Als sie uns verstanden hatte, öffnete sie die linke Tür im Flur, ging hinein und begann das Zimmer aufzuräumen, ein großes Zimmer mit sechs Fenstern, zwei Eisenbetten mit hohen Kissen, mit Tisch und Stühlen. An der Wand hing ein Spiegel, mit Papierblumen verziert, Heiligenbilder, eine Ampel und Reihen gerahmter Fotografien. Wir zogen die Röcke und Hosen aus und warfen uns auf die Betten.
Der Leutnant rüttelte mich aus dem Schlaf. »Ich habe Hunger.«
Ich stand auf und schnallte meine Töpfe vom Tornister.
»Du hast doch die Tauben gesehen?«, sagte er.
»Selbstverständlich.«
»Sagen wir vier Stück. Für mich drei und für dich eine.«
»Also vier Tauben«, sagte ich.
»Ja, vier Tauben.«
Als ich in den Hof kam, kniete die Frau vor dem Herd und hielt einen eisernen Topf über das Feuer. Eine unkenntliche Masse verschiedener Gemüse kochte darin. Ich sah ihr zu, sagte einige Worte, die sie zum Lachen bringen sollten, aber sie lachte nicht. Ein Mädchen kam aus dem Haus, ihre Tochter, mit dem schönen Namen Tarsia. Ein Junge kam mit ihr, Nikola, ihr Bruder. Sie begafften mich, wie das so war. Die Frau sagte, wir könnten etwas von ihr bekommen. »Danke«, sagte ich, »bei uns gibt es was Besseres!« Mein Leutnant und ich hätten heute Abend Appetit auf Tauben. Fragende, erstaunte Gesichter. »Was ist das?«, fragte sie. Ich sprach einigermaßen Russisch, aber das Wort für Tauben wusste ich nicht. Da sie im Schlag waren, konnte ich nicht nach ihnen zeigen, also markierte ich Tauben. Ich konnte das. Ich hatte

schon da und dort Erfolg mit meinen Tierimitationen, bei der Weihnachtsfeier der Kompanie, bei Offiziersabenden im Kasino. Allerdings waren andere Tiere, Schafe, Ziegen oder Affen, leichter nachzuahmen als gerade Tauben. Trotzdem, ich versuchte es. Ich ging in die Hocke, hielt meine gestreckten Finger als radähnlichen Schwanz über den Hintern, hopste im Hof umher, blähte meinen Hals und gurrte.
Aber die drei lachten nicht. Und als sie nicht mehr daran zweifelten, was ich meinte, schrien sie durcheinander wie die Wilden.
Ich fragte: »Was ist daran so schlimm? Haben andere Soldaten, die vorher da waren, sich nicht auch geholt, nach was sie Lust hatten? Schließlich ist Krieg.«
Tarsia sagte: »Du darfst alles nehmen, was wir haben, nur nicht die Tauben. Die Tauben gehören uns nicht. Die Tauben gehören Ilja, meinem Bruder. Er kämpft in Sewastopol.«
Gewiss, ich war beeindruckt. Aber was sollte ich meinem Leutnant sagen? – Ich zeigte ihnen mein Verständnis. »Ja, ja, Iljas Tauben, ich nicht Iljas Tauben. Offizier! Versteht ihr? Offizier Tauben essen!«
Ich ging zur Scheune, die offen stand, um über die Leiter ins Gebälk zu steigen und von da an den Schlag zu kommen. Die Frau durchschaute mich. Sie lief an mir vorbei, stellte sich vor die Leiter und hielt sich mit den Händen rückwärts an den Holmen fest. Ich versuchte sie wegzureißen. Es war nicht zu schaffen. Der größte Widerstand waren ihre Augen. Auch Nikola begriff. Er hob eine Sense vom Boden auf –
Ich gab nach.
Am nächsten Morgen kamen Befehle. Der Küste entlang mussten die Stellungen ausgehoben werden. Der Leutnant war den Tag über unterwegs. Am Abend kam er müde zurück. Ich hatte zwei Tauben von einem anderen Dach geschossen und briet sie, während Iljas Tauben mich umflatterten.
Ich liebte und hasste diese Tauben. Sie gehörten einem, der eigentlich in der gleichen Lage war wie ich. Er war Soldat, er war weit weg von daheim. Seine Mutter hütete die Tauben für ihn.

Nein, ich hätte keine schlachten können. Sie schienen das allmählich herausbekommen zu haben. Sie waren frech, übermütig. Sie flogen auf den Hof herab und saßen vor meinen Füßen, bettelten, gurrten und rucksten. Sie flogen auf den Gartenzaun, pickten in den Beeten, flogen auf die Flugbretter vor dem Schlag, flogen zurück, setzten sich auf den Herd und guckten in den Topf, wo die Nachbartauben brotzelten. Zwei oder drei waren darunter, die sich beim Flug überschlagen konnten. Es waren schöne, junge Tauben, Pfauentauben, Kropftauben und Türkische Tauben, die ich noch nie gesehen hatte.
Wir wohnten etwa zehn Tage im Haus, als Nikola eines Morgens nach Baski fuhr. Er wollte dort Verwandte besuchen und einen Sack Gemüse hinbringen. Nach Baski waren es vierzig Kilometer. Es war ein größerer Ort, in dem unsere Stäbe und Verpflegungsdepots lagen. Das Proviantauto nahm Nikola mit. Am Abend kam er zurück. Er lief durch den Hof in die Küche. Drinnen entstand großes Geschrei. Bald darauf kam die Frau in unsere Stube, zum ersten Male, seit wir da wohnten. Sie erzählte mit vielen Worten und Gesten, Nikola habe in Baski Ilja gesehen! »Er ist gefangen, von den Deutschen. – Und jetzt ist er in einem Lager in Baski. – In Baski! So nahe von hier! Sicher kann der Herr Offizier Ilja von dort nach Hause holen. Ich will meinen Ilja sehen, umarmen und nicht mehr fortlassen. Ich gebe alles, was der Herr Offizier sich wünscht. – Ich gebe ihm die Hühner und die Ziegen, die Kartoffeln, das Mehl, das Rosenöl und aserbaidschanischen[6] Tee. Auch die Ikonen[7], die ich versteckt habe und die von den Offizieren so begehrt sind, und ein seidenes Tuch, eine goldene Brosche und – die Tauben, ja, Iljas Tauben.«
Ich übersetzte und der Leutnant sagte zu mir: »Was machen wir Gauner nicht alles für Tauben!« Und zu ihr sagte er: »Hör auf, Alte, du kriegst deinen Ilja. Morgen ist Sonntag. Wir fahren hin und bringen ihn dir. Hierher. Ja, hierher. Du wirst inzwischen hübsch seine Täubchen zubereiten, verstanden?«
Sie verstand die Worte, aber sie verstand nicht den Ton der Worte.

6 Provinz im nördlichen Persien
7 Kultbilder

Sie fiel vor ihm auf den Fußboden, heulte und küsste seine Stiefel ab.

Tarsia kam mit Iljas Fotografie. Er war darauf in Marineuniform, trug ein weiß-blau gestreiftes Hemd und eine Mütze mit dem Band der Schwarzmeerflotte. Er hatte vorstehende Backenknochen und gekniffene, freche Matrosenaugen.

Ich redete dem Leutnant zu. Ich sagte, wir könnten Ilja vielleicht als Hilfskoch anfordern oder als Arbeitskraft für den Stellungsbau.

»Du Idealist«, sagte er.

Ja, ich war ein Idealist! Ich hatte verrückte Ideen in der Nacht, am Morgen und auf der Fahrt nach Baski. Ich wollte Ilja durch einen Streich, durch eine Tat befreien, wenn der Leutnant wirklich so gemein wäre und die Affäre als einen Spaß betrachtete.

Es war ein herrlicher Krim-Morgen. Ein klarer Himmel. Kalte Schatten und flammende Sonnenstrahlen. Im Westen immer das Jailagebirge, wie Backenzähne. Auch Nikola fuhr mit. Er hatte den Leutnant darum gebeten. Er war gewaschen und hatte den Kamm durch das nasse Haar gezogen.

In Baski, erfuhren wir, waren viertausend Gefangene. Man hatte sie in der ehemaligen Schule untergebracht. Stacheldrahtrollen waren um den Zaun gelegt, Maschinengewehre aufgebaut. Wir hielten. Der Leutnant nahm mir die Zügel weg und sagte: »Steigt ab, ihr Befreier, und sucht den Kerl. In einer Stunde bin ich wieder zurück.«

»Sie gehen zum Kommandanten?«, fragte ich.

»Du stellst dir das alles so einfach vor«; sagte er und schlug auf die Pferde ein.

Er hatte Nikola und mich vor dem Eingang des Lagers abgesetzt. Das war ein vergittertes Tor, daneben eine Baracke, ein Posten, einer vom Wachbataillon, ein Dicker in schmuddliger Uniform, Schnürschuhen und Gamaschenhosen.

»Was willst du?«, fragte er.

»Ich muss ins Lager, einen Gefangenen suchen.«

»Verboten.«

»Es ist ein Sonderfall. Der Bruder des Kleinen da ist im Lager. Er will ihn nur sehen«, sagte ich.

Der Posten tippte mit dem Zeigefinger an die Stirn. »Bei dir piept's wohl?«

»Mein Chef ist beim Kommandanten. Er wird ihn anfordern, als Arbeitskraft.«

Aber auch das machte keinen Eindruck. Ich beschimpfte ihn und er holte seinen Feldwebel aus der Baracke. Der vertrieb uns.

Wir gingen den Stacheldraht entlang und Nikola entdeckte seinen Bruder. Er saß im Schneidersitz auf der Erde. Als Nikola ihn anrief, stand er auf und ging auf uns zu. Nikola rief die aufregenden Neuigkeiten über den Zaun. Ilja sprach wenig. Manchmal lächelte er.

Nach einer Weile sagte er: »Wie geht es meinen Tauben?«

»Gut, sehr gut«, sagte Nikola. »Sie leben alle noch. Der Offizier wollte sie essen, aber Mutter hat es nicht zugelassen.«

»Füttere sie gut«, sagte Ilja, »und wenn ich nicht wiederkomme, gehören sie dir.«

Nach einer Stunde kam der Leutnant zurück. Er hatte getrunken. Immer, wenn er vom Verpflegungsdepot kam, hatte er getrunken.

»Marsch, ihr beiden«, empfing er uns, »wir fahren!«

»Was wird mit ihm?«, fragte ich.

»Mit wem?«

»Ilja! Wir müssen ihn mitbringen. Wir dürfen nicht ohne Ilja –«

»Ilja! Ilja! Lass mich endlich in Ruhe damit.«

»Sie haben es seiner Mutter versprochen.«

»Versprochen, ja. Aber Gefangene lassen sich nicht auslösen. Zudem werden sie heute noch abtransportiert. Weg. Heim ins Reich. Dort haben sie's besser. Verstehen, Nikola, dein Bruder Ilja nach Deutschland. Nix domoi. Germania domoi.«

»Ich verstehe, Offizier«, sagte Nikola.

Auch Ilja hinter dem Stacheldraht begriff, was vorging. Er drehte sich um und ging langsam in das Schulgebäude.

Iljas Mutter und Tarsia standen unter der Tür, als wir anfuhren. Sie trugen ihre Sonntagskleider. Nikola erzählte ihnen, was vorgefallen war.

Ich spannte aus, fütterte, tränkte, putzte die Stiefel, wusch mich, ließ mir viel Zeit. Dann erst ging ich in die Stube.

Der Leutnant saß am Tisch und aß Tauben. Iljas Tauben. Über ein Dutzend lagen noch auf der Platte. Seine Mutter hatte sie getötet, gerupft und gebraten. Auf der Kommode lagen die anderen versprochenen Dinge.

Der Leutnant sagte: »Wenn du die Tauben machst, sind sie entschieden schmackhafter.«

Ich gab ihm keine Antwort.

»Appetit hast du auch keinen?«

»Wie?«

»Wie? Wie? Du willst wohl, dass ich eklig werde, ja? Ich frage dich, ob du keinen Appetit hast, weil ich's nicht allein schaffe.«

Nein, ich hatte keinen Appetit auf diese Tauben.

Ob ich überhaupt mal wieder Tauben esse?

Am nächsten Morgen musste ich den Leutnant vier der übrig gebliebenen Tauben in Zeitungspapier packen und in die Kartentasche stecken. Er wollte sie zu Mittag draußen auf der Stellung verzehren. Doch auf dem Weg dorthin, an einer unübersichtlichen Stelle, wurde er erschossen.

Von Partisanen, hieß es.

Der Weg hinaus

Herbert Eisenreich

Als wate er in Schlamm, so mühsam ging er; die Fußballschuhe hingen wie mit Blei gefüllt an seinen Beinen. Nur gewaltsam, wie gegen einen Orkan ankämpfend, hielt er die Richtung auf den dunklen, unbewegten Halbkreis vor ihm am Grunde der sich steilenden, von wimmelndem Leben quellenden Stufenwand des Stadions, auf jenen Halbkreis, der der Kabineneingang war. Den steuerte er an wie ein leckes Schiff bei schwerem Seegang den Hafen.

Hinter ihm war das unterbrochene Spiel wieder angepfiffen worden, das lenkte die meisten Augen von seinem Hinausgehen ab. Die aber, die neben und über dem Kabineneingang standen, sahen ihn näher kommen, und je näher er kam, desto mehr Blicke sammelten sich auf ihm; wie eiserne Pfeilspitzen von einem Magneten angezogen, lenkten diese Blicke sich auf ihn, gebündelt stachen sie auf ihn, einen unfreiwilligen Winkelried[8], ein. Und je näher er kam, desto artikulierter tobte es vor ihm los: Pfui-Salven, das Knattern zahlloser winziger Hass-Explosionen, herangetragen auf den Wellenlinien greller Pfiffe. Gesichter sah er keine; aber er wusste, dass es dieselben Münder waren, die früher, all die stolzen Jahre lang, allsonntäglich ihren Beifall über ihn ergossen hatten, wenn er so spielte, wie sie es gerne sahen. Wenn er, den Ball am Fuß wie unsichtbar angebunden, durch die Reihen der Gegner lief, dann liefen tausend Jubelrufe mit; wenn er den Ball auf den Zentimeter genau übers halbe Spielfeld passte, dann raunte es ringsum voll Ehrfurcht; und wenn er schoss, stockte dem ganzen Stadion der Atem, und dann erst riss es ihnen den Schrei aus der Kehle. O ja, er war ein Spieler gewesen wie nicht bald einer: kein Schwerathlet, der mit seinem Körpergewicht alles niederwalzte, was sich ihm in den Weg stellt, sondern der Artist, der seine Körperkraft nicht spüren, sondern nur wir-

8 schweizerischer Nationalheld. Er soll in der Schlacht bei Sempach (1386) ein Bündel feindlicher Langspieße mit den Armen umfasst und sich in die Brust gedrückt haben, wodurch er den Eidgenossen eine Gasse in das österreichische Ritterheer gebahnt hat.

ken lässt. Meistens wurde er als Läufer aufgestellt, aber wenn Not am Manne war, führte er den Angriff oder verteidigte vor dem Tor. Dort, wo er eingesetzt war, gehörte das Spielfeld, soweit er es erlaufen konnte, ihm. Und wenn sein Nebenmann versagte, dann rackerte er für zwei.

Und was hatte man ihm, war wieder ein Spiel gewonnen, nicht alles nachgerühmt! Dass er der beständigste Spieler sei, zuverlässig auf jedem Posten, ohne Formkrisen, ohne Launen; kein Star, sondern immer Teil der Mannschaft, ihr Motor und ihre Seele zugleich; und der fairste Fußballer seit langem, die Zeitungen brachten Fotos, wie er über den hechtenden Tormann, um ihn nicht zu verletzen, hinwegspringt; wie er zum Kopfstoß mit regelrecht angelegten Armen hochschnellt; wie er dem Gegenspieler, der im Zweikampf zu Fall gekommen, kameradschaftlich auf die Beine hilft. Und jetzt stapfte er schwankenden Schrittes hinein in die Mauer vor ihm aus Gejohle, Pfiffen und Flüchen. Und alles, was ihn früher über das Spielfeld getragen, was seine Läufe beflügelt, was seinen Einsatz befeuert hatte: der Beifall, der Jubel, diese Woge von aufbrausendem Schrei, die aus dem Beton-Oval, einer einzigen riesigen Kehle, zum Himmel stieg und alsdann wie ein linder Frühlingsregen erquickend über ihm niederfiel: das alles kam ihm jetzt, im Nachhinein, unwirklich vor; ja, ihm schien, als habe er sich all die Jahre lang verhört und als vernehme er erst jetzt, was die da oben all die Jahre lang wirklich geschrien hatten, und als verstünde er erst jetzt, was dieses Schreien schon damals in Wahrheit bedeutet hatte. So torkelte er, wie ein blind geschlagener Boxer auf den Schatten seines Gegners, darauf zu, im vernebelten Blick tat sich schwarz, mit jedem seiner Schritte sich in die Tiefe verfinsternd, der überdeckte Gang zu den Kabinen auf: ein brüllendes Maul inmitten einer zuckenden Grimasse. Und dieser Rachen tat sich auf, ihn zu verschlingen auf Nimmerwiedersehen.

Und das alles nur, weil er den Flügel nicht hatte halten können; der Bursche mit seinen einundzwanzig Jahren war eben schneller als er, der schon zehn Jahre mehr auf dem Buckel hatte, und was für Jahre! Mit einundzwanzig war er ebenso schnell gewesen, oder noch schneller. Auch mit fünfundzwanzig, mit sechs- und siebenundzwanzig noch. Gegen die dreißig zu spürte er's dann: Die Muskeln verkrampften sich öfter, die Lunge pfiff im Hals, das Herz klopfte, als wollte es raus aus diesem Körper, der es pumpen hieß wie verrückt. Gegen die dreißig spürt man's eben allmählich, dass man die Knöchel gebrochen, die Rippen geprellt und sich den Schädel brummig gestoßen hat, dass man sich Sonntag für Sonntag das halbe Leben aus dem Leib gelaufen hat, und dann natürlich auch die Sorge um die Zukunft. Das Kaffeehaus war anfangs gut besucht, aber es kamen zu viele Schnorrer hin, und die Erika taugte halt nicht fürs Geschäft, und gar für ein solches! Und wenn er selber bediente, dann war's ja kein Wunder, dass er ein Achtel mittrank und manchmal auch zwei oder drei. Mehr als drei oder vier Achtel aber waren es selten, da hatte Rudi einfach Unrecht, wenn er alles aufs Trinken schob! Und auf das bisschen Rauchen! Geraucht hatten schließlich fast alle; natürlich nicht grad vor dem Spiel, aber nachher, und abends, man wollte ja schließlich auch sein Endchen Privatleben haben, wie auch Rudi seins hatte, überhaupt der! Der hatte frühzeitig Schluss gemacht, ging dann als Trainer ins Ausland, da war er ein feiner Herr mit einer Mordsgage und nichts wie kommandieren, so wie er jetzt ihn kommandierte, seit er zurück und jetzt hier bei ihnen Trainer war.

Damals, als Rudi zurückkam und bei ihnen Trainer wurde, spielte er schon nur mehr in der Reserve. Rudi hatte sich seiner angenommen nicht nur beim Training, sondern auch privat; hatte ihm klargemacht, was er nicht wahrhaben wollte: dass er abgerutscht war in den kleinen regelmäßigen Suff bis zwei Uhr nachts in seinem verräucherten Café, wo er Tototipps gab, damit überhaupt noch jemand hinkam, abgerutscht in die Reserve. Auch mit Erika, der maulenden, hatte Rudi geredet; davon erfuhr er aber erst später. Und Rudi riskierte es, stellte ihn in die Erste, aber er versagte. Rudi gab's nicht auf, ließ ihn vorerst wieder in der Reserve spielen, nahm ihn hart her beim Training und stellte ihn

dann wieder in die Erste, obwohl es gerunzelte Stirnen gab in der Sektion und Geraune bei den Spielern. Es stand eine Serie von Matches in der Provinz bevor, gegen keine allzu schweren Gegner, wenn auch vor einem fanatischen Publikum; aber Rudi riskierte es lieber vor dem fremden Publikum als vor dem eigenen, denn das eigene war, wenn ein Comeback missglückte, das schlimmste. Dieses Spiel nun war das erste Spiel vor dem eigenen Publikum, es war ein schweres Spiel und das entscheidende obendrein: es ging um den Titel. Wollten sie Meister werden, so mussten sie siegen; dem Gegner aber reichte, weil er das bessere Torverhältnis hatte, schon ein Unentschieden dafür. Rudi hatte ihn, seine Entscheidung mit dem Grundsatz »A winning team never change!« verteidigend, auch diesmal aufgestellt, und bis zur Pause brauchte er's nicht zu bereuen. Denn sein Schützling bekam, in der Verteidigung spielend, nicht viel aufzulösen, der eigene Angriff war prächtig in Schwung, sie spielten von Anpfiff weg auf Sieg und schossen drei Tore; und mit diesem Vorsprung, den Titel schon in der Tasche, ging's in die zweite Halbzeit.
Und dann waren plötzlich die anderen da, wie ausgewechselt; wissend, dass sie jetzt nichts mehr zu verlieren hatten, warfen sie ihren Sturm nach vorne, verwirrten durch ihr Ungestüm das Konzept derer, die sich zu früh als Sieger fühlten. Und in dieser Verwirrung gelang es dem Flügel, den zu halten seine Aufgabe war, ihn zu überlaufen, wie ein Anfänger von einem alten Hasen wurde er ausgespielt von diesem verflucht flinken Kerl, und eh' er begriffen hatte, hieß es nur mehr 3:1. Von da an waren die andern nicht mehr zu halten. Immer wieder schickten sie ihre Flügel, die rissen den ganzen Angriff mit; sie drängten ohne Unterbrechung, griffen mit sechs, mit sieben Spielern an, und immer wieder von seiner Seite rollten sie die Verteidigung auf, er war eben nicht mehr schnell genug. Vom Spielfeldrand aus dirigierte Rudi das Innentrio zurück, nur noch die beiden Flügelstürmer ließ er vorne lauern; aber je mehr Spieler sie vor ihrem bedrohten Tor versammelten, desto näher rückte die ganze gegnerische Mannschaft, die es nun plötzlich verstand, das Spiel in die Breite

zu ziehen und so in der Mitte den leeren Raum zu schaffen, aus dem sie aufs Tor knallen konnten. Der Tormann hielt, was zu halten war; aber die ganze Verteidigung war ins Schwimmen geraten, das machte auch ihn nervös, und nach einer Drängerei im Strafraum stand es plötzlich nur mehr 3:2.

Keine zehn Minuten mehr zu spielen, so lange noch mussten sie dieses Ergebnis halten; mit ihrem Tor verteidigten sie den Titel, der ihnen in der Pause schon sicher gewesen war. Und da kam schon wieder der Flügel durch, täuschte ihn, passte kurz zur Mitte, wie mit Zirkel und Lineal gezeichnet, so lief der Ball von Mann zu Mann, kam noch einmal heraus, er verfehlte ihn, wieder war der andere schneller gewesen, lief nun vor ihm her und flankte. Der Tormann fing, aber das sah er schon nicht mehr; er sah nur noch den andern ihm davonlaufen, hörte die Menge rundum rasen, wusste, dass dies nicht ihm, sondern dem anderen galt, der ihn ausgespielt, der ihn kaltgestellt, von dem er sich hatte düpieren[9] lassen, dem er nun – einmal noch schneller als jener – blindlings nachlief und den er jetzt, da jener den Ball schon zur Mitte gegeben hatte, einholte; und so, wie er auf ihn zulief, so sprang er ihn mit vorgestrecktem Fuße von hinten an. Der Getroffene schrie auf, stürzte zu Boden, schrie noch immer; aber dieses kleine Schreien verlor sich wie ein Tropfen Wasser in der Sturzflut von Geschrei, die sogleich über ihn hereinbrach; und wie um sich dagegen zu wehren, trat er noch einmal auf den in Schmerzen sich Krümmenden ein, bis ein harter Griff ihn zurückriss. Ellbogen ihn zur Seite stießen. Die Eigenen waren's, die ihn abdrängten, fluchend. Das Stadion röhrte. Mit ausgestrecktem Arm kam der Schiedsrichter auf ihn zugelaufen, gestikulierte, rief ihm aus rot geschwitztem Gesicht etwas zu, das er gar nicht verstand. Sanitäter trugen den Verletzten vom Platz, ihm gab jemand einen Stoß ins Kreuz, der setzte ihn in Bewegung; er begann zu gehen, quer übers Spielfeld ging er auf den Kabineneingang zu, der sich als ein dunkler Halbkreis an der Längsfront gegenüber abzeichnete. Noch standen ringsum die Schleusen der Empörung sperr-

9 täuschen

angelweit offen: ein Brei von Lärm überfiel ihn, klatschte ihm ins Gesicht, an den Körper. Alles, was mit ihm geschah, kam ihm unheimlich fremd vor, klar war ihm nur das eine: dass er ausgeschlossen war, ausgeschlossen eben jetzt, da es galt, nur noch ein paar schleichende Minuten lang das Resultat zu halten, das Resultat, das den Meistertitel bedeutete.

So ging er vom Feld. Der Schiedsrichter pfiff, der Lärm ebbte ab. Hinter ihm wurde der Strafstoß getreten, er hörte das metallharte Schlagen des Stiefels gegen das pralle Leder. Wenig später hörte er die Leute klatschen; das hieß, dass der, den er niedergetreten hatte, zurück aufs Spielfeld kam; dass sie nun also mit nur zehn Mann gegen elf spielen mussten, und diese elf waren vorher schon besser gewesen, hatten die ganze zweite Halbzeit lang auf den Ausgleich gedrängt und würden es jetzt also schießen, das dritte Tor, das sie brauchten, um den Titel nach Hause zu tragen. Sie würden es schießen nach einem Angriff von der Seite her, wo er nun fehlte. Er hatte ja gar nicht schlecht gespielt; gewiss noch nicht wieder so gut wie früher, aber wahrhaftig nicht schlechter als so viele andere; sein Gegenspieler war einfach schneller gewesen als er, hatte ihn glatt überrannt, hatte mehr Luft im Balg gehabt als er, die kräftigeren Muskeln und den flinkeren Blick für die Situation, den besseren Riecher – all das, was auch er einst gehabt hatte, all das, was die Leute früher an ihm bewundert hatten. Das war's, und weiter nichts! Und das alles hätte er noch ertragen; er war kein schlechter Verlierer, weiß Gott, das war er nicht! Aber die Hyänen rundum, die Würstel fressenden Zuschauer auf ihren Plattfüßen rund um das Spielfeld, die hatten ihn fertiggemacht mit ihren Pfiffen, ihrem Gelächter und Gejohle, wenn der andere ihn stehen ließ und mit dem Ball davonzog. Zwischendurch, wenn der Spielverlauf ihm eine Atempause gönnte, fragte es in ihm, warum die alle denn kein bisschen Verständnis mehr hatten für ihn, kein Verständnis dafür, dass man langsam zu alt wird, um volle neunzig Minuten lang zu glänzen, dass man sich leer gepumpt hat in tausend Spielen, dass man nicht immer gleich gut in Form ist und dass man seine Zeit braucht, um wieder in Form zu kommen: die Muskeln zu beherrschen, den Blick zu schärfen, den Instinkt zu wecken, sich einzuspielen in die Mannschaft, aus der man so lange verbannt war; mit einem Wort: sich selber wieder zu finden. In ihm winselte es um dieses Verständnis, bettelte es um ein bisschen Gerechtigkeit. Sie aber pfiffen und lachten, wenn ihm ein Dribbling misslang, wenn der Ball ihm über den Rist rollte, wenn er ungenau abspielte, wenn er überlaufen wurde von diesem verteufelt flinken Kerl, den zu halten seine unerfüllbare Aufgabe war, und sie riefen ihm Schimpfworte zu, wenn sie glaubten, er spiele nachlässig, gleichgültig, ohne Ambition, dieweil doch nur dies die Wahrheit war: dass der andre der bessere Spieler war, so wie tausendmal er der bessere Spieler gewesen war. Aber das wusste nur er allein. Und er allein wusste, dass er diesmal um mehr als nur um den Sieg seiner Mannschaft, dass er in Wahrheit um sein Leben spielte; denn auch Erika würde lachen und höhnen, wenn er endgültig aufhörte, das zu sein, was sie sich angeheiratet hatte: der gefeierte Sportler, der Star seines Clubs, der Held aus neunundvierzig Länderspielen, das Idol der Masse: ein Mann, den zu besitzen allein schon deshalb wertvoll war, weil tausend andere Männer, indem sie sein wollten wie er, bekundeten, dass sie weniger waren als er, und weil tausend andere Frauen, indem sie ihn anhimmelten, ihr bestätigten, wie reich sie war, die ihn besaß. Als er das erste Tor nicht hatte verhindern können, wurde er ausgepfiffen; sie pfiffen weiter, als ihm wieder eine Abwehr misslang; und je mehr sie pfiffen, desto mehr verpatzte er. Und dann, als er gleich zweimal hintereinander, von diesem wieselflinken Burschen ausgespielt wurde, und als sie dem zujubelten und für ihn wieder nur ein paar Pfiffe übrig hatten: da fuhr's ihm in das Bein und das Bein trat hin, wo ein Widerstand sich bot: ohne Hass gegen den, den es traf, ohne Wut über den, der besser spielte als er und so seines Unglückes Schmied ward, sondern blind und ohnmächtig gegen irgendetwas, das eigentlich gar nicht zu fassen, gar nicht zu treffen war, und so traf sein Stiefel nur den, der da vor ihm lief, den Ball zur Mitte spielte und stehen blieb. Den säbelte er um. Und trat ihn noch einmal, als jener

erste Tritt, in einen massigen Wutschrei verwandelt, auf ihn zurückfiel.
Dass der Schiedsrichter ihn vom Felde wies, verwunderte ihn schon nicht mehr, wiewohl es das erste Mal war, dass er ausgeschlossen wurde. Er wandte sich ab und ging, von einem unsanften Stoß in Gang gebracht, mechanisch Fuß vor Fuß setzend, auf den Kabineneingang zu. Hinter ihm lief das Spiel weiter, das lenkte die meisten Blicke von ihm ab. Aber je näher er dem Kabineneingang kam, diesem Maul, das finster, gelangweilt inmitten des zappelnden Lebens ringsum, gähnte, ihn zu verschlucken, desto schwerer ging er gegen die Mauer aus Geschrei, die sich neu vor ihm baute, an, und desto langsamer kam er der Höhle, diesem einzigen Orte unbewegten Gleichmuts, näher. Schimpfworte, hart wie Hagel, überschütteten ihn, Böen der Empörung schlugen ihm entgegen, ausgekotzt von denselben Mündern, die all die sorglosen Jahre lang ihren Beifall über ihn erbrochen hatten, den Beifall, den er atmete wie die Luft, den er hätte schlürfen mögen sein Leben lang und der ihm nun, da er ihm seine Kehrseite wies, im Nachhinein noch so schmeckte wie Jauche; ihm grauste; und ihm kam vor, es hätten die Aasgeier da droben nie etwas andres getan als Kübel voll Unrat über ihn gegossen, bis er dank solcher Nahrung wurde, was er jetzt war: ihr fauliger Fraß. Das also, spürte er, war es gewesen, was er all die berauschten Jahre lang für sein Element gehalten hatte: diese wogenden Wolken des Beifalls, die ihn getragen hatten, sodass er seiner selbst nicht mehr inne war, und ihn dann fallen gelassen hatten, einen Ikarus auf den Flügeln der Gunst des Pöbels. Und da hörte er wieder den Schrei, den er ach so gut kannte, und er musste sich gar nicht erst umdrehn, er wusste: Dieses Tor hatten nicht sie geschossen, sondern die andern; dort, wo er fehlte.
Mit dem nächsten Schritt erreichte er den Kabineneingang. Da lösten sich rechts davon, als bröckle die Mauer greifbaren Lärms, ein paar Gestalten, fünf oder sechs Männer durchbrachen die Umzäumung, allen voran ein verwachsener, glotzäugiger, ein versoffener Gnom, wie sie rund um jede Arena rudelweis gedeihen.

Der sperrte ihm den Weg, er sah das bläuliche Zahnfleisch, den Speichel im schnatternden Mund des Mannes, sah dessen knöchrige Fäuste sich gegen ihn heben. Umblasen hätte er ihn können und konnt' es doch nicht; und als die Schläge, Fleisch gewordene Schimpfworte, fielen, haute er nicht zurück, sondern deckte nur mit Händen und Armen und zwischen den hochgezogenen Schultern sein Gesicht, wie ein Mädchen, und taumelte blindlings in die finstere Höhlung hinein, dieweil die Polizisten den Gnom und die andern Radaubrüder bändigten. Er hörte nur noch den Lärm hinter sich, als breche dort die Mauer aus Feindschaft, in die er hineingewankt war, herunter, den Weg zurück aufs Spielfeld ihm für immer verbauend.

Die geöffnete Order

Ilse Aichinger

Vom Kommando war lange keine Weisung gekommen und es hatte den Anschein, als ob man überwintern würde. In den Schlägen ringsum fielen die letzten Beeren von den Sträuchern und verfaulten im Moos. Die ausgesetzten Posten klebten verloren in den Baumwipfeln und beobachteten das Fallen der Schatten. Der Feind lag jenseits des Flusses und griff nicht an. Stattdessen wurden die Schatten Abend für Abend länger und die Nebel hoben sich von Morgen zu Morgen schwerer aus den Niederungen. Es gab unter den jüngeren Freiwilligen der Verteidigungsarmee einige, die Sonne und Mond satthatten und sich diese Art der Kriegsführung nicht gewachsen fühlten. Sie waren entschlossen, wenn es nötig sein sollte, auch ohne Befehl anzugreifen, bevor Schnee fiel.

Derjenige von ihnen, der an einem der nächsten Tage von den Befehlshabern der Abteilung mit einer Meldung an das Kommando geschickt wurde, ahnte deshalb nichts Gutes. Er wusste, dass sie keinen Scherz verstanden, wenn es um Meuterei ging, so nachlässig sie auch sonst schienen. Einige Fragen, die ihm nach Abgabe

der Meldung auf dem Kommando gestellt wurden, ließen ihn fast an ein Verhör denken und erhöhten seine Unsicherheit.
Umso mehr überraschte es ihn, als ihm nach längerer Wartezeit eine Order mit dem Befehl übergeben wurde, sie noch vor Einbruch der Nacht an die Abteilung zurückzubringen. Er wurde angewiesen, den kürzeren Weg zu fahren. Auf einer Karte bezeichnete man ihm die eingesehen Stellen. Zu seinem Unwillen gab man ihm einen Begleiter mit. Durch das offene Fenster sah er den Beginn des Weges, den er zu nehmen hatte, vor sich. Der Weg lief quer über die Lichtung und verlor sich spielerisch zwischen den Haselsträuchern. Man schärfte dem Mann noch einmal Vorsicht ein. Gleich darauf fuhren sie los.
Es war kurz nach Mittag. Wolkenschatten zogen äsenden Tieren gleich über den Rasen und verschwanden gelassen im Dickicht. Der Weg war schlecht und stellenweise fast unbefahrbar. Niedrige Sträucher drängten dicht heran. Sobald der Fahrer eine größere Geschwindigkeit nahm, schlugen ihre Zweige den Männern in die Augen. Der Wald schien auf Holzsammler zu warten und auch der Fluss, der da und dort über ausgerodete Stellen hinweg in der Tiefe sichtbar wurde, stellte sich unwissend. Auf den Kämmen glänzte geschlagenes Holz in der Mittagsonne. Nichts in der Natur nahm die Grenzhaftigkeit zur Kenntnis.
Sie hatten Eile, durch die Schläge zu kommen, die sich immer wieder zwischen den Stämmen auftaten und mit dem Blick in die Tiefe zugleich auch sie selbst den Blicken der Tiefe freigaben. Der Fahrer ließ den Wagen über Wurzeln springen und wandte sich von Zeit zu Zeit nach dem Mann mit der Order zurück, wie um sich einer Fracht zu versichern. Das erbitterte den anderen und machte ihn des Misstrauens seiner Auftraggeber gewiss.
Was hatte seine Meldung enthalten? Wohl hieß es, dass am frühen Morgen einer der entfernteren Posten Bewegungen jenseits des Flusses beobachtet hatte, doch solche Gerüchte gab es immer wieder und es war möglich, dass sie vom Stab zur Beruhigung der Leute erfunden wurden. Ebenso konnte es sein, dass die Aussendung der Meldung ein Manöver gewesen war und das Vertrauen,

das man ihm erwies, fingiert[10]. Sollte er aber Unerwartetes gemeldet haben, so musste es aus dem Inhalt der Order hervorgehen. Er sagte sich, dass es besser sei, den Inhalt zu wissen, solange man auf eingesehenen Straßen fuhr. Eine Erklärung dieser Art würde er auch geben, wenn man ihn zur Verantwortung zog. Er tastete nach dem Kuvert und berührte das Siegel. Seine Sucht, die Order zu öffnen, wuchs wie Fieber mit dem sinkenden Licht.

Um eine Frist zu gewinnen, bat er den anderen, ihm seinen Platz zu überlassen. Während er fuhr, überkam den Mann Beruhigung. Sie hatten jetzt schon stundenlang die Wälder nicht verlassen. Der Weg war stellenweise von Geröll überschüttet, das von künstlichen Sperren herrührte und auf die Nähe des Zieles schließen ließ. Diese Nähe flößte dem Mann Gleichmut ein, vielleicht würde sie ihn hindern, das Siegel zu öffnen. Er fuhr ruhig und sicher, aber während sie da, wo der Weg wie in einer plötzlichen Sinnesverwirrung selbstmörderisch hinabstürzte, ohne Schaden wegkamen, blieb der Wagen unmittelbar darauf an einer sumpfigen Stelle stecken. Der Motor hatte ausgesetzt, Schreie von Vögeln ließen die darauf folgende Stille noch größer erscheinen. Farnkräuter wucherten im Umkreis. Sie hoben den Wagen heraus. Der Junge erbot sich, einen Defekt, der ihrer Weiterfahrt noch im Weg war, zu beheben. Während er unter dem Wagen lag, erbrach der Mann ohne jede weitere Überlegung die Order. Er mühte sich kaum, das Siegel zu wahren. Er stand über den Wagen gebeugt und las. Die Order lautete auf seine Erschießung.

Es gelang ihm, sie in die Brusttasche zurückzuschieben, ehe der andere seinen Kopf unter dem Wagen hervorzog. »Alles in Ordnung!«, sagte er fröhlich. Dann fragte er, ob er nun wieder fahren sollte. Ja, er sollte fahren. Während er ankurbelte, überlegte der Mann, ob es besser wäre, ihn jetzt oder im Fahren niederzuschießen. Es gab für ihn keinen Zweifel mehr darüber, dass sein Begleiter Eskorte war.

Der Weg verbreiterte sich an seinem tiefsten Punkt, als reute ihn sein plötzlicher Absturz, und führte sachte hinauf. »Die Seele

10 vorgetäuscht, ausgedacht

eines Selbstmörders, von Engeln getragen«, dachte der Mann. Aber sie trugen ihn dem Gericht entgegen und es würde sich als Schuld enthüllen, was als gutes Recht gegolten hatte. Es war die Aktion ohne Befehl. Was ihn verwunderte, war die Mühe, die man sich mit ihm nahm.

Im fallenden Dunkel sah er die Umrisse des anderen vor sich, seinen Schädel und seine Schultern, die Bewegungen seiner Arme – eine Fraglosigkeit der Kontur, die ihm selbst versagt blieb. Die Kontur des Bewussten verfließt in der Finsternis.

Der Fahrer wandte sich nach ihm und sagte: »Wir werden eine ruhige Nacht haben!« Das klang wie reiner Hohn. Aber die Nähe des Zieles schien ihn gesprächig zu machen und er fuhr fort, ohne eine Antwort abzuwarten: »Wenn wir gut hinkommen!« Der Mann nahm den Revolver vom Koppel. Es war im Wald so finster, dass man denken konnte, die Nacht wäre schon hereingebrochen. »Als Kind«, sagte der Fahrer, »musste ich immer von der Schule durch den Wald nach Hause gehen, wenn es abends war, da habe ich laut gesungen, damals ...«

Sie waren über Erwarten schnell an die letzte Rodung gekommen. Wenn wir darüber sind – dachte der Mann, denn von da ab wurde der Wald noch einmal sehr dicht, ehe er sich gegen den abgebrannten Weiler zu öffnete, wo die Abteilung lag. Aber diese letzte Rodung war breiter als alle bisherigen, der Fluss glänzte aus einer größeren Nähe herüber. Ein Spinnennetz von Mondlicht lag über dem Schlag, der sich bis zum Kamm hinaufzog. Der Weg war von den Rädern der Ochsenkarren zerfurcht, die vor langer Zeit hier gefahren waren. Die eingetrockneten Furchen glichen im Mondlicht dem Innern einer Totenmaske. Auch dem, der die Rodung gegen den Fluss zu hinuntersah, wurde deutlich, dass die Erde den Abdruck eines fremden Gesichtes trug.

Der Mann hielt den Revolver vor sich auf den Knien. Als der erste Schuss fiel, hatte er deshalb die Empfindung, ihn gegen seinen Willen vorzeitig ausgelöst zu haben. Aber wenn der vor ihm getroffen war, so musste sein Gespenst von großer Geistesgegenwart sein, denn es fuhr mit größerer Geschwindigkeit weiter. Er brauchte verhältnismäßig lange, ehe er erkannte, dass er selbst der Getroffene war. Der Revolver entfiel seiner Hand, sein Arm sackte herab. Ehe sie den Wald wieder erreichten, fielen noch mehrere Schüsse, ohne zu treffen.

Das Gespenst vor ihm wandte dem Mann sein fröhliches Gesicht zu und sagte: »Hier wären wir glücklich darüber, der Schlag war eingesehen!« – »Halten Sie!«, sagte der Mann. »Nicht hier«, erwiderte der Junge, »tiefer drinnen!« – Ich bin getroffen«, sagte der Mann verzweifelt. Der andere fuhr noch ein Stück weiter, ohne sich umzusehen, und hielt dann plötzlich an. Es gelang ihm, die Wunde abzubinden und das Blut zu stillen. Dann sagte er das einzig Tröstliche, das er wusste: »Wir sind jetzt bald am Ziel!« Dem Verwundeten wird der Tod versprochen – dachte der Mann. »Warten Sie!«, sagte er. »Noch etwas?«, fragte der Junge ungeduldig. »Die Order!«, erwiderte der Mann und griff mit der linken Hand in die Brusttasche. Im Augenblick seiner tiefsten Verzweiflung war ihm der Wortlaut auf eine neue Weise bewusst geworden. Die Order lautete auf die Erschießung des Überbringers, sie nannte keinen Namen.

»Mein Rock ist durchblutet«, sagte der Mann, »übernehmen Sie die Order!« Wenn der andere sich weigerte, so würde sich hier alles entscheiden. Nach einem Augenblick des Schweigens fühlte er, wie ihm der Brief aus der Hand genommen wurde. »In Ordnung!«, sagte der andere.

Die letzte halbe Stunde verging in Schweigen, Zeit und Weg waren zu Wölfen geworden, die einander rissen. Auf den himmlischen Weiden sind die Schafe geschützt, aber die himmlischen Weiden enthüllten sich als Richtplatz.

Der Ort, wo die Abteilung lag, war ein Weiher von fünf Häusern gewesen, von denen im Lauf der bisherigen Scharmützel drei abgebrannt waren. Die Helle der heilen Höfe machte deutlich, dass die Jungfräulichkeit des Abends der Nacht noch nicht gewichen war. Der Ort war ringsum von Wald umschlossen, der Rasen war niedergetreten und von Fahrzeugen und Geschützen übersät. Ein Drahtverhau grenzte den Platz gegen die Wälder ab.

Auf die Frage des Postens, was er brächte, erwiderte der Fahrer: »Einen Verwundeten und eine Order!« Sie fuhren rund um den Platz. Während der Mann im Wagen sich aufzurichten versuchte, dachte er, dass dieser Ort einem Ziel nicht ähnlicher war als alle andern Orte der Welt. Alle waren eher als Ausgangspunkt begreiflich. Er hörte eine Stimme fragen: »Ist er bei sich?«, und hielt die Augen geschlossen. Es ging darum, Zeit zu gewinnen.

Und ehe irgendetwas bekannt wurde, hatte er neue Kräfte gefunden und Waffen, die seine Flucht erleichterten. Als sie ihn aus dem Wagen hoben, hing er schlaff in ihren Armen.

Sie trugen ihn in eines der Häuser über den Hof, in dem ein Ziehbrunnen stand. Zwei Hunde schnüffelten um ihn her. Die Wunde schmerzte. In einem Raum im Erdgeschoss legten sie ihn auf eine Bank. Es brannten keine Lampen hier, die Fenster standen offen. »Kümmert euch weiter um ihn!«, sagte der Fahrer. »Ich möchte keine Zeit verlieren.«

Der Mann erwartete, dass man ihn jetzt verbinden würde, aber als er vorsichtig die Lider hob, fand er sich allein. Vielleicht waren sie weggegangen, um Verbandzeug zu holen. Im Haus war ein lebhaftes Kommen und Gehen, Türen wurden zugeschlagen, Stimmen klangen auf, aber all das trug sein eigenes Verstummen schon in sich und erhöhte, den Schreien der Vögel ähnlich, die Stille, aus der es sich erhob. »Wozu das alles?«, dachte der Mann und begann, als nach einigen Minuten noch immer niemand gekommen war, die Möglichkeit einer sofortigen Flucht zu erwägen. Im Flur lehnten abgestellte Gewehre. Dem Posten würde er sagen, er sei mit einer neuen Meldung an das Kommando bestellt. Ausweise hatte er bei sich. Wenn er es bald tat, konnte noch niemand Bescheid wissen.

Er richtete sich auf, wunderte sich aber, wie groß die Schwäche war, die er vorzugeben gedacht hatte. Ungeduldig setzte er die Füße auf den Boden, erhob sich, konnte aber nicht stehen. Er setzte sich zurück und versuchte es entschlossen ein zweites Mal. Bei diesem Versuch riss der Notverband, den der andere angelegt hatte, und die Wunde brach auf. Sie öffnete sich mit der Vehemenz eines verborgenen Wunsches. Er fühlte, wie das Blut sein Hemd durchdrängte und das Holz der Bank nässte, auf die er zurückgefallen war. Durch das Fenster sah er über der getünchten Mauer des Hofes den Himmel. Er hörte das Aufschlagen von Hufen, Pferde wurden in die Stallungen gebracht. Die Bewegungen im Haus hatten sich verstärkt, die Geräusche nahmen zu, es schien Unerwartetes geschehen zu sein. Er zog sich an dem Fenstersims hoch und glitt wieder herab. Er rief, aber es hörte ihn niemand. Man hatte ihn vergessen.

Während er dalag, wich seine Auflehnung einer verzweifelten Heiterkeit. Das Verbluten schien ihm dem Entweichen durch verschlossene Türen ähnlich, einem Übergehen aller Posten. Der Raum, der nur durch die Helle der gegenüberliegenden Mauer wie von Schneelicht ein wenig erleuchtet wurde, enthüllte sich als Zustand. Und war nicht der reinste aller Zustände Verlassenheit, und das Strömen des Blutes Aktion? Da er sie an sich und nicht um der Verteidigung willen gewünscht hatte, war das Urteil, dass sich an ihm erfüllte, richtig. Da er das Liegen an den Grenzen satthatte, bedeutete es Erlösung.

In der Ferne fielen Schüsse. Der Mann öffnete die Augen und erinnerte sich. Sie schossen den anderen nieder, während er hier lag und verblutete. Sie zerrten den anderen hinaus zwischen die Sparren der abgebrannten Höfe, vielleicht hatten sie ihn schon die Augen verbunden, nur sein Mund stand noch halb offen vor Überraschung, sie legten an, sie zielten, Achtung – –

Als er zu sich kam, fühlte er, dass seine Wunden verbunden waren. Er hielt es für einen unnötigen Dienst, den die Engel an den Verbluteten taten, für Barmherzigkeit, die zu spät kam. »Hier sehen wir uns wieder!«, sagte er zu dem Fahrer, der sich über ihn beugte. Erst als er einen Offizier vom Stab am Fußende des Bettes bemerkte, erkannte er mit Schrecken, dass er nicht gestorben war.

»Die Order«, sagte er, »was ist mit der Order geschehen?«

»Durch den Schuss lädiert«, erwiderte der Offizier, »aber noch lesbar.«

»Ich hatte sie zu überbringen«, sagte der Mann.

»Wir sind zurechtgekommen!«, unterbrach ihn der Fahrer. »Die am andern Ufer haben überall den Angriff begonnen!«
»Es war die letzte Nachricht, die wir zu erwarten hatten.« Der vom Stab wandte sich zum Gehen. In der Tür drehte er sich noch einmal zurück und sagte, nur um noch irgendetwas zu sagen: »Ihr Glück, dass Sie den Wortlaut der Order nicht kannten. Wir hatten eine merkwürdige Chiffre für den Beginn der Aktion.«

Ein Freund der Regierung

Siegfried Lenz

Zu einem Wochenende luden sie Journalisten ein, um ihnen an Ort und Stelle zu zeigen, wie viele Freunde die Regierung hatte. Sie wollten uns beweisen, daß alles, was über das unruhige Gebiet geschrieben wurde, nicht zutraf: die Folterungen nicht, die Armut und vor allem nicht das wütende Verlangen nach Unabhängigkeit. So luden sie uns sehr höflich ein, und ein sehr höflicher, tadellos gekleideter Beamter empfing uns hinter der Oper und führte uns zum Regierungsbus. Es war ein neuer Bus; ein Geruch von Lack und Leder umfing uns, leise Radiomusik, und als der Bus anfuhr, nahm der Beamte ein Mikrofon aus der Halterung, kratzte mit dem Fingernagel über den silbernen Verkleidungsdraht und hieß uns noch einmal mit sanfter Stimme willkommen. Bescheiden nannte er seinen Namen – »ich heiße Garek«, sagte er –; dann wies er auf die Schönheiten der Hauptstadt hin, nannte Namen und Anzahl der Parks, erklärte uns die Bauweise der Mustersiedlung, die auf einem kalkigen Hügel lag, blendend unter dem frühen Licht.
Hinter der Hauptstadt gabelte sich die Straße; wir verloren die Nähe des Meeres und fuhren ins Land hinein, vorbei an steinübersäten Feldern, an braunen Hängen; wir fuhren zu einer Schlucht und auf dem Grunde der Schlucht bis zur Brücke, die über ein ausgetrocknetes Flußbett führte. Auf der Brücke stand ein junger Soldat, der mit einer Art lässiger Zärtlichkeit eine

handliche Maschinenpistole trug und uns fröhlich zuwinkte, als wir an ihm vorbei über die Brücke fuhren. Auch im ausgetrockneten Flußbett, zwischen den weißgewaschenen Kieseln, standen zwei junge Soldaten, und Garek sagte, daß wir durch ein sehr beliebtes Übungsgebiet führen.

Serpentinen hinauf, über eine heiße Ebene, und durch die geöffneten Seitenfenster drang feiner Kalkstaub ein, brannte in den Augen: Kalkgeschmack lag auf den Lippen. Wir zogen die Jacketts aus. Nur Garek behielt sein Jackett an; er hielt immer noch das Mikrofon in der Hand und erläuterte mit sanfter Stimme die Kultivierungspläne, die sie in der Regierung für dieses tote Land ausgearbeitet hatten. Ich sah, daß mein Nebenmann die Augen geschlossen, den Kopf zurückgelegt hatte; seine Lippen waren trocken und kalkblaß, die Adern der Hände, die auf dem vernickelten Metallgriff lagen, traten bläulich hervor. Ich wollte ihn in die Seite stoßen, denn mitunter traf uns ein Blick aus dem Rückspiegel, Gareks melancholischer Blick, doch während ich es noch überlegte, stand Garek auf, kam lächelnd über den schmalen Gang nach hinten und verteilte Strohhalme und eiskalte Getränke aus gewachsten Papptüten.

Gegen Mittag fuhren wir durch ein Dorf; die Fenster waren mit Kistenholz vernagelt, die schäbigen Zäune aus trockenem Astwerk löcherig, vom Wind der Ebene auseinandergedrückt. Auf den flachen Dächern hing keine Wäsche zum Trocknen. Der Brunnen war abgedeckt; kein Hundegebell verfolgte uns, und nirgendwo erschien ein Gesicht. Der Bus fuhr mit unverminderter Geschwindigkeit vorbei, eine graue Fahne von Kalkstaub hinter sich herziehend, grau wie eine Fahne der Resignation.

Wieder kam Garek über den schmalen Gang nach hinten, verteilte Sandwiches, ermunterte uns höflich und versprach, daß es nicht mehr allzu lange dauern würde, bis wir unser Ziel erreicht hätten. Das Land wurde hügelig, rostrot; es war jetzt von großen Steinen bedeckt, zwischen denen kleine farblose Büsche wuchsen. Die Straße senkte sich, wir fuhren durch einen tunnelartigen Einschnitt. Die Halbrundungen der Sprenglöcher warfen schräge

Schatten auf die zerrissenen Felswände. Eine harte Glut schlug in das Innere des Busses. Und dann öffnete sich die Straße, und wir sahen das von einem Fluß zerschnittene Tal neben dem Fluß.
Garek gab uns ein Zeichen, Ankündigung und Aufforderung; wir zogen die Jacketts an, und der Bus fuhr langsamer und hielt auf einem lehmig verkrusteten Platz, vor einer sauber gekalkten Hütte. Der Kalk blendete so stark, daß beim Aussteigen die Augen schmerzten. Wir traten in den Schatten des Busses, wir schnippten die Zigaretten fort. Wir blickten aus zusammengekniffenen Augen auf die Hütte und warteten auf Garek, der in ihr verschwunden war.
Es dauerte einige Minuten, bis er zurückkam, aber er kam zurück, und er brachte einen Mann mit, den keiner von uns je zuvor gesehen hatte.
»Das ist Bela Bonzo«, sagte Garek und wies auf den Mann: »Herr Bonzo war gerade bei einer Hausarbeit, doch er ist bereit, Ihnen auf alle Fragen zu antworten.«
Wir blickten freimütig auf Bonzo, der unsere Blicke ertrug, indem er sein Gesicht leicht senkte. Er hatte ein altes Gesicht, staubgrau; scharfe, schwärzliche Falten liefen über seinen Nacken; seine Oberlippe war geschwollen. Bonzo, der gerade bei einer Hausarbeit überrascht worden war, war sauber gekämmt, und die verkrusteten Blutspuren an seinem alten, mageren Hals zeugten von einer heftigen und sorgfältigen Rasur. Er trug ein frisches Baumwollhemd, Baumwollhosen, die zu kurz waren und kaum bis zu den Knöcheln reichten; seine Füße steckten in neuen, gelblichen Rohlederstiefeln, wie Rekruten sie bei der Ausbildung tragen.
Wir begrüßten Bela Bonzo, jeder von uns gab ihm die Hand, dann nickte er und führte uns in sein Haus. Er lud uns ein, vorauszugehen, wir traten in eine kühle Diele, in der uns eine alte Frau erwartete; ihr Gesicht war nicht zu erkennen, nur ihr Kopftuch leuchtete in dem dämmrigen Licht. Die Alte bot uns faustgroße, fremde Früchte an, die Früchte hatten ein saftiges Fleisch, das rötlich schimmerte, so daß ich am Anfang das Gefühl hatte, in eine frische Wunde zu beißen.

Wir gingen wieder auf den lehmigen Platz hinaus. Neben dem Bus standen jetzt barfüßige Kinder; sie beobachteten Bonzo mit unerträglicher Aufmerksamkeit, und dabei rührten sie sich nicht und sprachen nicht miteinander. Nie trafen ihre Blicke einen von uns. Bonzo schmunzelte in rätselhafter Zufriedenheit.
»Haben Sie keine Kinder?« fragte Pottgießer.
Es war die erste Frage, und Bonzo sagte schmunzelnd:
»Doch, doch, ich hatte einen Sohn. Wir versuchen gerade, ihn zu vergessen. Er hat sich gegen die Regierung aufgelehnt. Er war faul, hat nie etwas getaugt, und um etwas zu werden, ging er zu den Saboteuren[11], die überall für Unruhe sorgen. Sie kämpfen gegen die Regierung, weil sie glauben, es besser machen zu können.« Bonzo sagte es entschieden, mit leiser Eindringlichkeit; während er sprach, sah ich, daß ihm die Schneidezähne fehlten.
»Vielleicht würden sie es besser machen«, sagte Pottgießer. Garek lächelte vergnügt, als er diese Frage hörte, und Bonzo sagte:
»Alle Regierungen gleichen sich darin, daß man sie ertragen muß, die einen leichter, die andern schwerer. Diese Regierung kennen wir, von der anderen kennen wir nur die Versprechungen.«
Die Kinder tauschten einen langen Blick.
»Immerhin ist das größte Versprechen die Unabhängigkeit«, sagte Bleiguth.
»Die Unabhängigkeit kann man nicht essen«, sagte Bonzo schmunzelnd. »Was nützt uns die Unabhängigkeit, wenn das Land verarmt. Diese Regierung aber hat unsern Export gesichert. Sie hat dafür gesorgt, daß Straßen, Krankenhäuser und Schulen gebaut wurden. Sie hat das Land kultiviert und wird es noch mehr kultivieren. Außerdem hat sie uns das Wahlrecht gegeben.«
Eine Bewegung ging durch die Kinder, sie faßten sich bei den Händen und traten unwillkürlich einen Schritt vor. Bonzo senkte das Gesicht, schmunzelte in seiner rätselhaften Zufriedenheit, und als er das Gesicht wieder hob, suchte er mit seinem Blick Garek, der bescheiden hinter uns stand.

11 Personen, die durch passiven Widerstand etwas zu verhindern suchen

»Schließlich«, sagte Bonzo, ohne gefragt worden zu sein, »gehört zur Unabhängigkeit auch eine gewisse Reife. Wahrscheinlich könnten wir gar nichts anfangen mit der Unabhängigkeit. Auch für Völker gibt es ein Alter, in dem sie mündig werden: wir haben dieses Alter noch nicht erreicht. Und ich bin ein Freund dieser Regierung, weil sie uns in unserer Unmündigkeit nicht im Stich läßt. Ich bin ihr dankbar dafür, wenn Sie es genau wissen wollen.«

Garek entfernte sich zum Bus, Bonzo beobachtete ihn aufmerksam, wartete, bis die schwere Bustür zufiel und wir allein dastanden auf dem trockenen, lehmigen Platz. Wir waren unter uns, und Finke vom Rundfunk wandte sich mit einer schnellen Frage an Bonzo: »Wie ist es wirklich? Rasch, wir sind allein.« Bonzo schluckte, sah Finke mit einem Ausdruck von Verwunderung und Befremden an und sagte langsam: »Ich habe Ihre Frage nicht verstanden.«

»Jetzt können wir offen sprechen«, sagte Finke hastig.

»Offen sprechen«, wiederholte Bonzo bedächtig und schmunzelte breit, so daß seine Zahnlücke sichtbar wurde.

»Was ich gesagt habe, ist offen genug: wir sind Freunde dieser Regierung, meine Frau und ich; denn alles, was wir sind und erreicht haben, haben wir mit ihrer Hilfe erreicht. Dafür sind wir ihr dankbar. Sie wissen, wie selten es vorkommt, daß man einer Regierung für irgendwas dankbar sein kann – wir sind dankbar. Und auch mein Nachbar ist dankbar, ebenso wie die Kinder dort und jedes Wesen im Dorf. Klopfen Sie an jede Tür, Sie werden überall erfahren, wie dankbar wir der Regierung sind.«

Plötzlich trat Gum, ein junger, blasser Journalist, auf Bonzo zu und flüsterte: »Ich habe zuverlässige Nachricht, daß Ihr Sohn gefangen und in einem Gefängnis der Hauptstadt gefoltert wurde. Was sagen Sie dazu?«

Bonzo schloß die Augen, Kalkstaub lag auf seinen Lidern; schmunzelnd antwortete er: »Ich habe keinen Sohn, und darum kann er nicht gefoltert worden sein. Wir sind Freunde der Regierung, hören Sie? Ich bin ein Freund der Regierung.«

Er zündete sich eine selbstgedrehte, krumme Zigarette an, inhalierte heftig und sah zur Bustür hinüber, die jetzt geöffnet wurde. Garek kam zurück und erkundigte sich nach dem Stand des Gesprächs. Bonzo wippte, indem er die Füße von den Hacken über die Zehenballen abrollen ließ. Er sah aufrichtig erleichtert aus, als Garek wieder zu uns trat, und er beantwortete unsere weiteren Fragen scherzhaft und ausführlich, wobei er die Luft mitunter zischend durch die vorderen Zahnlücken entweichen ließ.
Als ein Mann mit einer Sense vorüberging, rief Bonzo ihn an; der Mann kam mit schleppendem Schritt heran, nahm die Sense von der Schulter und hörte aus Bonzos Mund die Fragen, die wir zunächst ihm gestellt hatten. Der Mann schüttelte unwillig den Kopf: er war ein leidenschaftlicher Freund der Regierung, und jedes seiner Bekenntnisse quittierte Bonzo mit stillem Triumph. Schließlich reichten sich die Männer in unserer Gegenwart die Hand, wie um ihre gemeinsame Verbundenheit mit der Regierung zu besiegeln.
Auch wir verabschiedeten uns, jeder von uns gab Bonzo die Hand – ich zuletzt; doch als ich seine rauhe, aufgesprungene Hand nahm, spürte ich eine Papierkugel zwischen unseren Handflächen. Ich zog sie langsam, mit gekrümmten Fingern ab, ging zurück und schob die Papierkugel in die Tasche. Bela Bonzo stand da und rauchte in schnellen, kurzen Stößen; er rief seine Frau heraus, und sie, Bonzo und der Mann mit der Sense beobachteten den abfahrenden Bus, während die Kinder einen mit Steinen und jenen farblosen kleinen Büschen bedeckten Hügel hinaufstiegen.
Wir fuhren nicht denselben Weg zurück, sondern überquerten die heiße Ebene, bis wir auf einen Eisenbahndamm stießen, neben dem ein Weg aus Sand und Schotter lief. Während dieser Fahrt hielt ich eine Hand in der Tasche, und in der Hand die kleine Papierkugel, die einen so harten Kern hatte, daß die Fingernägel nicht hineinschneiden konnten, sosehr ich auch drückte. Ich wagte nicht, die Papierkugel herauszunehmen, denn von Zeit zu Zeit erreichte uns Gareks melancholischer Blick aus dem Rück-

spiegel. Ein schreckhafter Schatten flitzte über uns hinweg und über das tote Land; dann erst hörten wir das Propellergeräusch und sahen das Flugzeug, das niedrig über den Eisenbahndamm flog in Richtung zur Hauptstadt, kehrtmachte am Horizont, wieder über uns hinwegbrauste und uns nicht mehr allein ließ.

Ich dachte an Bela Bonzo, hielt die Papierkugel mit dem harten Kern in der Hand, und ich fühlte, wie die Innenfläche meiner Hand feucht wurde. Ein Gegenstand erschien am Ende des Bahndamms und kam näher, und jetzt erkannten wir, daß es ein Schienenauto war, auf dem junge Soldaten saßen. Sie winkten freundlich mit ihren Maschinenpistolen zu uns herüber. Vorsichtig zog ich die Papierkugel heraus, sah sie jedoch nicht an, sondern schob sie schnell in die kleine Uhrtasche, die einzige Tasche, die ich zuknöpfen konnte. Und wieder dachte ich an Bela Bonzo, den Freund der Regierung: noch einmal sah ich seine gelblichen Rohlederstiefel, die träumerische Zufriedenheit seines Gesichts und die schwarzen Zahnlücken, wenn er zu sprechen begann. Niemand von uns zweifelte daran, daß wir in ihm einen aufrichtigen Freund der Regierung getroffen hatten.

Am Meer entlang fuhren wir in die Hauptstadt zurück; der Wind brachte das ziehende Kußgeräusch des Wassers herüber, das gegen die unterspülten Felsen schlug. An der Oper stiegen wir aus, höflich verabschiedet von Garek. Allein ging ich ins Hotel zurück, fuhr mit dem Lift in mein Zimmer hinauf, und auf der Toilette öffnete ich die Papierkugel, die der Freund der Regierung mir heimlich anvertraut hatte: sie war unbeschrieben, kein Zeichen, kein Wort, doch eingewickelt lag im Papier ein von bräunlichen Nikotinspuren bezogener Schneidezahn. Es war ein menschlicher, angesplitterter Zahn, und ich wußte, wem er gehört hatte.

Ein gleichgültiger Mittwoch

Günther Weisenborn

Trockener Sommertag, der Himmel dunstig, perlmuttern schimmernd, also das Ruhrgebiet, jene von Städten bewachsene Kohlelandschaft, in der nicht Kathedralen wachsen, sondern Fördertürme. Die Terrasse des Cafés war von Menschen besetzt, die an den Tischen saßen und mit der harten, westfälischen Sprache ihre Liebesdialoge führten, von Geschäften oder von ihrem Leben berichteten, jeder sich selbst erklärend, wie es der Brauch ist unter den Menschen. Draußen rollten die Autos, hielten, fuhren an, Straßenbahnen bogen lärmend um die Ecke. Es war eine große, lebendige Stadt, in der wir am Cafétisch saßen.

Ein kleiner alter Mann schob sich durch die Gänge, spitznasiges Beamtengesicht. Er legte unauffällig auf jeden Tisch ein Blatt Papier, auch auf den Tisch, an dem ich allein saß. Es war ein Flugblatt gegen die atomare Aufrüstung. Ich las es. Eindrucksvolle Feststellungen waren darin abgedruckt. Als ich wieder aufsah, hatte sich die Umwelt in meinen Augen verändert.

Die hochblonde Dame auf der lichterstrahlenden Kaffeetasse zeigte gerade mit einem Finger auf ein Stück Kuchen. Die Verkäuferin mit einem weißen Häubchen im Haar hob lächelnd den Kuchen mit der Zange. Da kam der Blitz: –

Die Häuserfronten sanken weich und pflanzenhaft in die Erde. Auf der belebten Kaffeeterrasse verdampften die noch lachenden Gäste an den fliegenden Tischen. Die Hand der hochblonden Dame verglühte. Vom Hotel drüben blieb nichts als ein siedender Sumpf. Die Autokolonnen schoben sich noch einige Meter als ein Kordon von sich aufbäumenden Glühwürmchen dahin, ehe sie elegant zusammenschnurrten und vertropften. Die Dächer erhoben sich seufzend, segelten durch die Luft und zerfielen in unzählige herabregnende Ziegel. Die Abwässerkanäle kochten über, die Kirchen neigten sich devot[12] und knieten nieder. Der Funkturm faltete sich rasselnd zusammen, das Rathaus hüpfte in die

12 unterwürfig

Erde und in wenigen Minuten hatte sich die hundert Meter hohe Metropole in ein katalanisches Brachfeld [13] verwandelt. Dann kam der kleine Orkan, ein Feuersturm mit einer Gewalt, die Ruinen, Parks und einige Kindergärten in Asche verwandelte. Man hörte noch ein Zwitschern wie von erschreckten Sperlingen, eh die Stimmchen verhauchten und die kleinen Leiber verkochten. Die U-Bahn-Schächte, die eingedrückt waren, füllten sich mit der Luft der Schreie und dem Gas des Sterbens. In den Kartoffelkellern wanden sich tausend gedunsene Hausfrauen, eh sie verröchelten. Die Wassermassen der Großstadt sprengten die Rohrsysteme, überfluteten die Fundamente und verzischten. Es gab keine Augen mehr, die den aufsteigenden Rauchpilz sehen konnten, sie waren geplatzt oder wie winzig blaue oder goldbraune Ballons aus den Gesichtern gestiegen, verdorrt wie Rosinen weggeflogen. Die Millionenstadt hätte einen Güterzug mit geschmorten Augen füllen können. Zersprengte Gliedmaßen wirbelten hoch wie Schwärme ärgerlicher Vögel, die goldplattierte Ringe trugen. Wolken von Sperlingen wurden in der Luft ereilt und fielen träge wie ein Sonntagsregen. Geradezu freundlich wirkten die bläulichen Gasexplosionen, die hier und da aus dem Pflaster schossen. In eine geschützt stehende Telefonzelle hatten sich Passanten geflüchtet. Sie standen so dicht gedrängt wie Fische in der Dose und waren totgesotten worden, geschmorter Rosenkohl über den Hälsen, dort, wo sie ihr Leben lang Gesichter getragen hatten.
Eine Kolonne von Panzern schmolz fahrend wie heiß gewordene Schokolade, zog eine Weile noch Spuren und veraschte mit den entsetzt piependen Kriegsheroen darin. Die Generale schmorten, ebenso die Politiker, die ständig Stärke verlangt hatten. Hier war sie, die Stärke. Die letzten Atemzüge der Stadt zusammen hätten einen Sturmwind, einen Weltseufzer ergeben, so tausendfach platzten die Lungen.
Der Jüngste Tag war nie so vollendet von düsteren Dichterhirnen geträumt worden wie dieser gleichgültige Mittwoch, denn hier

13 benannt nach den katalaunischen Feldern (Frankreich), wo die Hunnenschlacht 451 n. Chr. stattfand

explodierten nach allem Hass der Menschen, ihn technisch fortsetzend, endlich die listig gedrillten Atome. Hier kam er endlich, der Krieg, der nur Besiegte kannte, Schuldige und Unschuldige, jene, die in ihrer Torheit den Krieg vorbereitet, und jene, die mit ihrem Verstand der Bombe den Weg gebahnt hatten.

Unter dem Himmel stand ein Rauchpilz. Er war größer als die Stadt darunter. Er vergrößerte sich ständig. Er war nicht allein. Ein blühender Garten von Rauchpilzen erhob sich über ganz Europa, grau, rot, getigert, leichenweiß und schwankend.

Wirklich schöne Rauchpilze standen darin, gepflegt, üppig genährt und hochstielig, eine prachtvolle Ernte. Es waren aber auch ausgezeichnete Gärtner gewesen, die die reiche Ernte vorbereitet hatten.

Wolfgang Borchert – ein Kurzgeschichtenautor der Nachkriegszeit

Die drei dunklen Könige

Wolfgang Borchert

Er tappte durch die dunkle Vorstadt. Die Häuser standen abgebrochen gegen den Himmel. Der Mond fehlte und das Pflaster war erschrocken über den späten Schritt. Dann fand er eine alte Planke. Da trat er mit dem Fuß gegen, bis eine Latte morsch aufseufzte und losbrach. Das Holz roch mürbe und süß. Durch die dunkle Vorstadt tappte er zurück. Sterne waren nicht da.

Als er die Tür aufmachte (sie weinte dabei, die Tür), sahen ihm die blassblauen Augen seiner Frau entgegen. Sie kamen aus einem müden Gesicht. Ihr Atem hing weiß im Zimmer, so kalt war es. Er beugte sein knochiges Knie und brach das Holz. Das Holz seufzte. Dann roch es mürbe und süß ringsum. Er hielt sich ein Stück davon unter die Nase. Riecht beinahe wie Kuchen, lachte er leise. Nicht, sagten die Augen der Frau, nicht lachen. Er schläft.

Der Mann legte das süße mürbe Holz in den kleinen Blechofen. Da glomm es auf und warf eine Hand voll warmes Licht durch das Zimmer. Die fiel hell auf ein winziges rundes Gesicht und blieb einen Augenblick. Das Gesicht war erst eine Stunde alt, aber es hatte schon alles, was dazugehört: Ohren, Nase, Mund und Augen. Die Augen mussten groß sein, das konnte man sehen, obgleich sie zu waren. Aber der Mund war offen und es pustete leise daraus. Nase und Ohren waren rot. Er lebt, dachte die Mutter. Und das kleine Gesicht schlief.

Da sind noch Haferflocken, sagte der Mann. Ja, antwortete die Frau, das ist gut. Es ist kalt. Der Mann nahm noch von dem süßen weichen Holz. Nun hat sie ihr Kind gekriegt und muss frieren, dachte er. Aber er hatte keinen, dem er dafür die Fäuste ins Gesicht schlagen konnte. Als er die Ofentür aufmachte, fiel wieder eine Hand voll Licht über das schlafende Gesicht. Die Frau sagte leise: Kuck, wie ein Heiligenschein, siehst du? Heiligenschein!, dachte er und er hatte keinen, dem er die Fäuste ins Gesicht schlagen konnte.

Dann waren welche an der Tür. Wir sahen das Licht, sagten sie, vom Fenster. Wir wollen uns zehn Minuten hinsetzen. Aber wir haben ein Kind, sagte der Mann zu ihnen. Da sagten sie nichts weiter, aber sie kamen doch ins Zimmer, stießen Nebel aus den Nasen und hoben die Füße hoch. Wir sind ganz leise, flüsterten sie und hoben die Füße hoch. Dann fiel das Licht auf sie.

Drei waren es. In drei Uniformen. Einer hatte einen Pappkarton, einer einen Sack. Und der Dritte hatte keine Hände. Erfroren, sagte er und hielt die Stümpfe hoch. Dann drehte er dem Mann die Manteltasche hin. Tabak war darin und dünnes Papier. Sie drehten Zigaretten. Aber die Frau sagte: Nicht, das Kind.

Da gingen die vier vor die Tür und ihre Zigaretten waren vier Punkte in der Nacht. Der eine hatte dicke umwickelte Füße. Er nahm ein Stück Holz aus einem Sack. Ein Esel, sagte er, ich habe sieben Monate daran geschnitzt. Für das Kind. Das sagte er und gab es dem Mann. Was ist mit den Füßen?, fragte der Mann. Wasser, sagte der Eselschnitzer, vom Hunger. Und der andere, der Dritte?, fragte der Mann und befühlte im Dunkeln den Esel. Der Dritte zitterte in seiner Uniform: Oh, nichts, wisperte er, das sind nur die Nerven. Man hat eben zu viel Angst gehabt. Dann traten sie die Zigaretten aus und gingen wieder hinein.

Sie hoben die Füße hoch und sahen auf das kleine schlafende Gesicht. Der Zitternde nahm aus seinem Pappkarton zwei gelbe Bonbons und sagte dazu: Für die Frau sind die.

Die Frau machte die blassen Augen weit auf, als sie die drei Dunklen über das Kind gebeugt sah. Sie fürchtete sich. Aber da stemmte das Kind seine Beine gegen ihre Brust und schrie so kräftig, dass die drei Dunklen die Füße aufhoben und zur Tür schlichen. Hier nickten sie noch mal, dann stiegen sie in die Nacht hinein.

Der Mann sah ihnen nach. Sonderbare Heilige, sagte er zu seiner Frau. Dann machte er die Tür zu. Schöne Heilige sind das, brummte er und sah nach den Haferflocken. Aber er hatte kein Gesicht für seine Fäuste.

Aber das Kind hat geschrien, flüsterte die Frau, ganz stark hat es geschrien. Da sind sie gegangen. Kuck mal, wie lebendig es ist, sagte sie stolz. Das Gesicht machte den Mund auf und schrie.

Weint er?, fragte der Mann.

Nein, ich glaube, er lacht, antwortete die Frau.
Beinahe wie Kuchen, sagte der Mann und roch an dem Holz, wie Kuchen. Ganz süß.
Heute ist ja auch Weihnachten, sagte die Frau.
Ja, Weihnachten, brummte er und vom Ofen her fiel eine Hand voll Licht hell auf das kleine schlafende Gesicht.

Die Küchenuhr

Wolfgang Borchert

Sie sahen ihn schon von weitem auf sich zukommen, denn er fiel auf. Er hatte ein ganz altes Gesicht, aber wie er ging, daran sah man, dass er erst zwanzig war. Er setzte sich mit seinem alten Gesicht zu ihnen auf die Bank. Und dann zeigte er ihnen, was er in der Hand trug.
Das war unsere Küchenuhr, sagte er und sah sie alle der Reihe nach an, die auf der Bank in der Sonne saßen. Ja, ich habe sie noch gefunden. Sie ist übrig geblieben.
Er hielt eine runde tellerweiße Küchenuhr vor sich hin und tupfte mit dem Finger die blau gemalten Zahlen ab.
Sie hat weiter keinen Wert, meinte er entschuldigend, das weiß ich auch. Und sie ist auch nicht so besonders schön. Sie ist nur wie ein Teller, so mit weißem Lack. Aber die blauen Zahlen sehen doch ganz hübsch aus, finde ich. Die Zeiger sind natürlich aus Blech. Und nun gehen sie auch nicht mehr. Nein. Immerhin ist sie kaputt, das steht fest. Aber sie sieht noch aus wie immer. Auch wenn sie jetzt nicht mehr geht.
Er machte mit der Fingerspitze einen vorsichtigen Kreis auf dem Rand der Telleruhr entlang. Und er sagte leise: Und sie ist übrig geblieben.
Die auf der Bank in der Sonne saßen, sahen ihn nicht an. Einer sah auf seine Schuhe und die Frau sah in ihren Kinderwagen. Dann sagte jemand:
Sie haben alles verloren?

Ja, ja, sagte er freudig, denken Sie, aber auch alles! Nur sie hier, sie ist übrig. Und er hob die Uhr wieder hoch, als ob die anderen sie noch nicht kannten.
Aber sie geht doch nicht mehr, sagte die Frau.
Nein, nein, das nicht. Kaputt ist sie, das weiß ich wohl. Aber sonst ist sie doch noch ganz wie immer: weiß und blau. Und wieder zeigte er ihnen seine Uhr. Und was das Schönste ist, fuhr er aufgeregt fort, das habe ich Ihnen ja noch überhaupt nicht erzählt. Das Schönste kommt nämlich noch: Denken Sie mal, sie ist um halb drei stehen geblieben. Ausgerechnet um halb drei, denken Sie mal.
Dann wurde Ihr Haus sicher um halb drei getroffen, sagte der Mann und schob wichtig die Unterlippe vor. Das habe ich schon oft gehört. Wenn die Bombe runtergeht, bleiben die Uhren stehen. Das kommt von dem Druck.
Er sah seine Uhr an und schüttelte überlegen den Kopf. Nein, lieber Herr, nein, da irren Sie sich. Das hat mit den Bomben nichts zu tun. Sie müssen nicht immer von den Bomben reden. Nein. Um halb drei war ganz etwas anderes, das wissen Sie nur nicht. Das ist nämlich der Witz, dass sie gerade um halb drei stehen geblieben ist. Und nicht um Viertel nach vier oder um sieben. Um halb drei kam ich nämlich immer nach Hause. Nachts, meine ich. Fast immer um halb drei. Das ist ja gerade der Witz.
Er sah die anderen an, aber die hatten ihre Augen von ihm weggenommen. Er fand sie nicht. Da nickte er seiner Uhr zu: Dann hatte ich natürlich Hunger, nicht wahr? Und ich ging immer gleich in die Küche. Da war es dann fast immer halb drei. Und dann, dann kam nämlich meine Mutter. Ich konnte noch so leise die Tür aufmachen, sie hat mich immer gehört. Und wenn ich in der dunklen Küche etwas zu essen suchte, ging plötzlich das Licht an. Dann stand sie da in ihrer Wolljacke und mit einem roten Schal um. Und barfuß. Immer barfuß. Und dabei war unsere Küche gekachelt. Und sie machte ihre Augen ganz klein, weil ihr das Licht so hell war. Denn sie hatte ja schon geschlafen. Es war ja Nacht.

So spät wieder, sagte sie dann. Mehr sagte sie nie. Nur: So spät wieder. Und dann machte sie mir das Abendbrot warm und sah zu, wie ich aß. Dabei scheuerte sie immer die Füße aneinander, weil die Kacheln so kalt waren. Schuhe zog sie nachts nie an. Und sie saß so lange bei mir, bis ich satt war. Und dann hörte ich sie noch die Teller wegsetzen, wenn ich in meinem Zimmer schon das Licht ausgemacht hatte. Jede Nacht war es so. Und meistens immer um halb drei. Das war ganz selbstverständlich, fand ich, dass sie mir nachts um halb drei in der Küche das Essen machte. Ich fand das ganz selbstverständlich. Sie tat das ja immer. Und sie hat nie mehr gesagt als: So spät wieder. Aber das sagte sie jedes Mal. Und ich dachte, das könnte nie aufhören. Es war mir so selbstverständlich. Das alles. Es war doch immer so gewesen.
Einen Atemzug lang war es ganz still auf der Bank. Dann sagte er leise: Und jetzt? Er sah die anderen an. Aber er fand sie nicht. Da sagte er der Uhr leise ins weißblaue runde Gesicht: Jetzt, jetzt weiß ich, dass es das Paradies war. Das richtige Paradies.
Auf der Bank war es ganz still. Dann frage die Frau: Und Ihre Familie?
Er lächelte sie verlegen an: Ach, Sie meinen meine Eltern? Ja, die sind auch mit weg. Alles ist weg. Alles, stellen Sie sich vor. Alles weg.
Er lächelte verlegen von einem zum anderen. Aber sie sahen ihn nicht an.
Da hob er wieder die Uhr hoch und er lachte. Er lachte: Nur sie hier. Sie ist übrig. Und das Schönste ist ja, dass sie ausgerechnet um halb drei stehen geblieben ist. Ausgerechnet um halb drei.
Dann sagte er nichts mehr. Aber er hatte ein ganz altes Gesicht. Und der Mann, der neben ihm saß, sah auf seine Schuhe. Aber er sah seine Schuhe nicht. Er dachte immerzu an das Wort Paradies.

An diesem Dienstag

Wolfgang Borchert

Die Woche hat einen Dienstag.
Das Jahr ein halbes Hundert.
Der Krieg hat viele Dienstage.

An diesem Dienstag
übten sie in der Schule die großen Buchstaben. Die Lehrerin hatte eine Brille mit dicken Gläsern. Die hatten keinen Rand. Sie waren so dick, dass die Augen ganz leise aussahen.
Zweiundvierzig Mädchen saßen vor der schwarzen Tafel und schrieben mit großen Buchstaben.

DER ALTE FRITZ HATTE EINEN TRINKBECHER AUS BLECH. DIE DICKE BERTA SCHOSS BIS PARIS. IM KRIEGE SIND ALLE VÄTER SOLDAT.

Ulla kam mit der Zungenspitze bis an die Nase. Da stieß die Lehrerin sie an. Du hast Krieg mit ch geschrieben, Ulla. Krieg wird mit g geschrieben. G wie Grube. Wie oft habe ich das schon gesagt. Die Lehrerin nahm ein Buch und machte einen Haken hinter Ullas Namen. Zu morgen schreibst du den Satz zehnmal ab, schön sauber, verstehst du? Ja, sagte Ulla und dachte: Die mit ihrer Brille.
Auf dem Schulhof fraßen die Nebelkrähen das weggeworfene Brot.

An diesem Dienstag
wurde Leutnant Ehlers zum Bataillonskommandeur befohlen.
Sie müssen den roten Schal abnehmen, Herr Ehlers.
Herr Major?
Doch, Ehlers. In der Zweiten ist so was nicht beliebt.
Ich komme in die zweite Kompanie?
Ja, und die lieben so was nicht. Da kommen Sie nicht mit durch.

Die Zweite ist an das Korrekte gewöhnt. Mit dem roten Schal lässt die Kompanie Sie glatt stehen. Hauptmann Hesse trug so was nicht.
Ist Hesse verwundet?
Nee, er hat sich krank gemeldet. Fühlte sich nicht gut, sagte er. Seit er Hauptmann ist, ist er ein bisschen flau geworden, der Hesse. Versteh ich nicht. War sonst immer so korrekt. Na ja, Ehlers, sehen Sie zu, dass Sie mit der Kompanie fertig werden. Hesse hat die Leute gut erzogen. Und den Schal nehmen Sie ab, klar?
Türlich, Herr Major.
Und passen Sie auf, dass die Leute mit den Zigaretten vorsichtig sind. Da muss ja jedem anständigen Scharfschützen der Zeigefinger jucken, wenn er diese Glühwürmchen herumschwirren sieht. Vorige Woche hatten wir fünf Kopfschüsse. Also passen Sie ein bisschen auf, ja?
Jawohl, Herr Major.
Auf dem Wege zur zweiten Kompanie nahm Leutnant Ehlers den roten Schal ab. Er steckte eine Zigarette an. Kompanieführer Ehlers, sagte er laut.
Da schoss es.

An diesem Dienstag
sagte Herr Hansen zu Fräulein Severin:
Wir müssen dem Hesse auch mal wieder was schicken, Severinchen. Was zu rauchen, was zu knabbern. Ein bisschen Literatur. Ein Paar Handschuhe oder so was. Die Jungens haben einen verdammt schlechten Winter draußen. Ich kenne das. Vielen Dank.
Hölderlin vielleicht, Herr Hansen?
Unsinn, Severinchen, Unsinn. Nein, ruhig ein bisschen freundlicher. Wilhelm Busch oder so. Hesse war doch mehr für das Leichte. Lacht doch gern, das wissen Sie doch. Mein Gott, Severinchen, was kann dieser Hesse lachen!
Ja, das kann er, sagte Fräulein Severin.

An diesem Dienstag
trugen sie Hauptmann Hesse auf einer Bahre in die Entlausungsanstalt. An der Tür war ein Schild:

OB GENERAL, OB GRENADIER:
DIE HAARE BLEIBEN HIER.

Er wurde geschoren. Der Sanitäter hatte lange dünne Finger. Wie Spinnenbeine. An den Knöcheln waren sie etwas gerötet. Sie rieben ihm mit etwas ab, das roch nach Apotheke. Dann fühlten die Spinnenbeine nach seinem Puls und schrieben in ein dickes Buch: Temperatur 41,6. Puls 116. Ohne Besinnung. Fleckfieberverdacht. Der Sanitäter machte das dicke Buch zu. Seuchenlazarett Smolensk stand drauf. Und darunter: Vierzehnhundert Betten.
Die Träger nahmen die Bahre hoch. Auf der Treppe pendelte sein Kopf aus den Decken heraus und immer hin und her bei jeder Stufe. Und kurz geschoren. Und dabei hatte er immer über die Russen gelacht. Der eine Träger hatte Schnupfen.

An diesem Dienstag
klingelte Frau Hesse bei ihrer Nachbarin. Als die Tür aufging, wedelte sie mit dem Brief. Er ist Hauptmann geworden. Hauptmann und Kompaniechef, schreibt er. Und sie haben über 40 Grad Kälte. Neun Tage hat der Brief gedauert. An Frau Hauptmann Hesse hat er oben drauf geschrieben.
Sie hielt den Brief hoch. Aber die Nachbarin sah nicht hin. 40 Grad Kälte, sagte sie, die armen Jungs. 40 Grad Kälte.

An diesem Dienstag
fragte der Oberfeldarzt den Chefarzt des Seuchenlazaretts Smolensk: Wie viel sind es jeden Tag?
Ein halbes Dutzend.
Scheußlich, sagte der Oberfeldarzt.
Ja, scheußlich, sagte der Chefarzt.
Dabei sahen sie sich nicht an.

An diesem Dienstag
spielten sie die Zauberflöte. Frau Hesse hatte sich die Lippen rot gemacht.

An diesem Dienstag
schrieb Schwester Elisabeth an ihre Eltern: Ohne Gott hält man gar nicht durch. Aber als der Unterarzt kam, stand sie auf. Er ging so krumm, als trüge er ganz Russland durch den Saal.
Soll ich ihm noch was geben?, fragte die Schwester.
Nein, sagte der Unterarzt. Er sagte das so leise, als ob er sich schämte.
Dann trugen sie Hauptmann Hesse hinaus. Draußen polterte es. Die bumsen immer so. Warum können sie die Toten nicht langsam hinlegen. Jedes Mal lassen sie sie so auf die Erde bumsen. Das sagte einer. Und sein Nachbar sang leise:

Zicke zacke juppheidi
Schneidig ist die Infanterie.

Der Unterarzt ging von Bett zu Bett. Jeden Tag. Tag und Nacht. Tagelang. Nächte durch. Krumm ging er. Er trug ganz Russland durch den Saal. Draußen stolperten zwei Krankenträger mit einer leeren Bahre davon. Nummer 4, sagte der eine. Er hatte Schnupfen.

An diesem Dienstag
saß Ulla abends und malte in ihr Schreibheft mit großen Buchstaben:

IM KRIEG SIND ALLE VÄTER SOLDAT.
IM KRIEG SIND ALLE VÄTER SOLDAT.

Zehnmal schrieb sie das. Mit großen Buchstaben. Und Krieg mit G. Wie Grube.

Unterschiedliche Darstellungstechniken

Popp und Mingel

Marie-Luise Kaschnitz

Noch immer fragen sie mich alle, wie das gekommen sei, neulich, am Tag vor Allerseelen, und warum ich das getan hätte. Sie sagen, es sei doch nicht das erste Mal gewesen, dass ich ein paar Stunden allein in der Wohnung war, ich müsste das doch gewöhnt sein, und es sei zwar ein dunkler Tag gewesen, aber doch kein besonders unfreundlicher, und ich hätte doch auch etwas zu essen vorgefunden, Bratkartoffeln und sogar ein Stück Wurst. Von dem Stück Wurst spricht meine Mutter immer wieder, wenn die Rede auf diesen Unglückstag kommt, was jetzt noch ziemlich oft geschieht, und sie betont dann jedes Mal, was für eine feine Wurst das gewesen sei, Kalbsleberwurst, sagt sie, zu einer Mark fünfzig das Viertelpfund, und in einer Tüte auf dem Küchenbüfett seien auch noch zwei Äpfel und eine Banane und ein paar Pfeffernüsse gewesen, und ich hätte doch immer von allem nehmen dürfen, niemand hätte mir deswegen jemals einen Vorwurf gemacht. Außerdem begreifen sie nicht, warum ich, wenn ich etwas Angst gehabt hätte so allein, nicht einfach wieder fortgegangen wäre; auf den Hof oder zu den Kindern im Parterre und sogar ins Kino hätte ich gehen dürfen, im Alhambra an der Ecke sei ein jugendfreier Film gelaufen, Taschengeld hätte ich ja genug, und sie hätten auch nichts dagegen gehabt.

Ja, natürlich, alles das hätte ich tun können und ich hätte mich auch ins Bett legen können und schlafen, bis die Eltern von der Arbeit nach Hause kamen. Denn ich war ja an dem Nachmittag sehr müde, ich erinnere mich ganz deutlich, dass ich auf der Treppe ein paar Mal gegähnt und mir dabei mit der Hand ganz rasch hintereinander auf den Mund geschlagen habe, wobei man eine Reihe von komischen Tönen hervorbringen kann. Das Treppenhaus war ziemlich dunkel, wie immer um diese Jahreszeit, nur die Nixe in der Buntglasscheibe hat noch ein bisschen geleuchtet, so etwas hat man jetzt nicht mehr, aber unseres ist ein altes Haus. Es war auch ganz still, keiner, der hinauf- oder hinunterging, nur hinter der Tür rechts im zweiten Stock hat der Hund geknurrt. Du Scheißhündchen, habe ich gesagt, du Dreckshündchen, ganz leise, weil ich weiß, dass ihn das am meisten ärgert, und dann habe ich recht laut Wauwauwau gerufen und bin schnell weiter die Treppe hinaufgerannt, weil das ein furchtbar hässlicher, riesengroßer Hund ist, der sich unter Umständen aufrichten und die Türklinke herunterdrücken kann. An dem Tag ist er aber nicht aufgesprungen und hat auch nicht gebellt und gleich aufgehört zu knurren, und ich weiß noch, dass mir das nicht gefallen hat. Also habe ich wieder gegähnt und bin langsamer gegangen und habe dabei meine Jacke aufgeknöpft und den Hausschlüssel herausgezogen, den meine Mutter mir morgens an einem Wäscheband um den Hals hängt, obwohl ich ihn natürlich genauso gut in die Hosentasche stecken könnte. Während ich aufgeschlossen habe und in den Flur getreten bin, habe ich gemerkt, dass es schlecht gerochen hat, und ich habe mir schon gedacht, dass wahrscheinlich wieder einmal niemand Zeit gehabt hat, die Betten zu machen vor dem Weggehen, und so war es auch, und das Frühstücksgeschirr hat noch auf dem Tisch gestanden, sogar die Butter und das Brot. Also habe ich zuerst die Butter in den Kühlschrank getan, und dann bin ich ins Schlafzimmer gegangen und habe die Leintücher ein bisschen zurechtgezogen und die Steppdecken darüber gelegt, weil ich weiß, dass mein Vater sich jedes Mal ärgert, wenn er nach Hause kommt und es so unordentlich aussieht. Es hat auch schon ein paar Mal Streit gegeben deswegen, und mein Vater, der sehr nervös ist, hat geschrien, aber meine Mutter hat nur gelacht und gesagt, ich kann ja auch zu Hause bleiben, und du wirst schon sehen, wie das ist, wenn sie uns die Musiktruhe und den Kühlschrank wieder wegholen, und wer hat durchaus den Wagen haben wollen, ich oder du? Und dann ist sie ganz freundlich geworden und hat meinen Vater gestreichelt und mich auch und hat gesagt, dass wir, wenn der Wagen erst da ist, alle drei zusammen in den Wald fahren werden und dort picknicken und »Verwechselt das Bäumchen« spielen und mit dem Fußball ihretwegen auch. Aber dazu ist es nie gekommen, weil

sie, als sie den Wagen endlich gehabt haben, immer Freunde mitgenommen haben, Erwachsene, die keinen Schritt zu Fuß gehen wollten, und die Waldwege waren für die Autos gesperrt. Ich war aber darüber nicht sehr traurig, weil mir im Auto oft schlecht geworden ist. Ich habe mir nur immer gewünscht, dass meine Mutter wieder einmal krank wird, wie damals, als sie den schlimmen Fuß hatte und ich ihr die Arnikaumschläge gemacht und den Kaffee ans Bett gebracht habe, und ich habe mir oft überlegt, wie ich es hinbringen könnte, dass sie sich einmal richtig den Magen verdirbt. Aber sie hat sich nie den Magen verdorben und immer ganz rosig ausgesehen, und sie hat auch oft gesagt, dass es ihr Spaß macht, ins Büro zu gehen, weil sie da unter Menschen wäre und weil sie es so langweilig fände, den ganzen Tag zu Hause zu sein. Sie ist auch gar nicht sehr müde am Abend und immer bereit, noch mit meinem Vater in ein Kino zu gehen. Nur die Gesellschaftsspiele mag sie nicht, und das Vorlesen sagt sie, strengt sie an, weil sie den ganzen Tag Gedrucktes und Geschriebenes vor Augen hat, und ich solle nur meine Bücher allein lesen, ich wäre ja jetzt schon ein großer Junge. Ich bin auch schon groß, und natürlich kann ich meine Bücher allein lesen, und ich habe auch immer viel Schularbeiten zu machen, nur an dem gewissen Nachmittag, da hatte ich keine, weil zwei Lehrer fehlten. Aber dafür hatte ich die Betten zuzudecken, und als ich mit den Betten fertig war, hätte ich eigentlich mein Essen aufwärmen sollen, und sicher war ich auch hungrig, sonst hätte ich nicht so viel gegähnt. Aber ich habe plötzlich keine Lust mehr gehabt und nur ein paar Kartoffeln kalt in den Mund gesteckt, und dann habe ich gleich anfangen wollen zu spielen.
Alle Erwachsenen haben später wissen wollen, was ich am liebsten spiele, und es wäre ihnen recht gewesen, wenn ich gesagt hätte, mit der Feuerwehrleiter oder mit dem Puppenzimmer, in dem ein winziger Adventskranz mit richtigen kleinen Kerzen hängt, kurz mit irgendetwas, das mit Feuer zu tun hat oder mit Licht. Ich habe aber gesagt, mit meinen kleinen Autos, die ihre Garage unter dem Schrank haben, und der Parkwächter ist ein kleiner

Soldat in einer braunen Uniform, den ich einmal in einer Trümmergrube gefunden habe, und jedes Mal, wenn mein Vater ihn sieht, sagt er, schmeiß doch den verdammten SA-Mann weg. Aber ich behalte ihn, weil ich ihn gut brauchen kann und weil ich überhaupt nicht weiß, was ein verdammter SA-Mann eigentlich ist.

Natürlich habe ich an dem Nachmittag gar nicht mit meinen Autos spielen wollen, sondern mit meiner Familie, aber von der wissen meine Eltern nichts, und sie brauchen auch nichts von ihr zu erfahren, und die Lehrer auch nicht, und erst recht nicht der Arzt, den meine Eltern vor mir den Onkel Doktor nennen, obwohl sie ihn vorher nie gesehen haben und ihm gegenüber immer sehr verlegen sind. So, so, mit deinen Autos hast du gespielt, hat der so genannte Onkel Doktor gesagt und hat dabei ein merkwürdiges Gesicht gemacht, und ich habe genickt und ihn frech angesehen und mir gedacht, was er wohl zu meiner Familie sagen würde, nämlich dazu, dass mein Vater ein alter Fußball namens Popp und meine Mutter eine komische Puppe ohne Beine namens Mingel ist und dass sie außer mir noch zwei andere Kinder haben, von denen das eine eine alte Schachfigur und das andere ein eingeschrumpfter Luftballon ist.

Die ganze Familie halte ich in einer Schachtel in meinem Spezialschrank versteckt, und wenn ich von der Schule nach Hause komme, hole ich sie heraus und setze sie auf ihre Plätze, und dann gehe ich noch einmal auf den Korridor und tue so, als ob ich gerade eben erst heimkäme, und sobald ich das Zimmer betrete, bricht meine Familie in lautes fröhliches Gelächter aus. Da ist ja auch unser Jüngster, sagt Popp, der im Lehnsessel liegt und ein freundliches Vollmondgesicht macht, und Mingel sagt, komm zu mir, mein Söhnchen, und streckt ihre Arme aus, aus denen das Sägemehl quillt. Wie war es heute auf der Prärie, fragt mein Bruder Harry, das Schachpferd aus Elefantenzahn. Und ich sage, zünftig, und fange an zu erzählen, wie viele wilde Mustangs ich mit dem Lasso gefangen habe, und mache es so spannend, dass meine Schwester Luzia, der Luftballon, vor Aufregung zu wackeln beginnt. Jetzt musst du aber etwas von dem guten Bärenschinken

essen, sagt Mingel, und weil sie keine Beine hat, muss ich sie auf den Herd tragen, wo sie gleich anfängt, im Topf zu rühren. Inzwischen gehe ich mit meinem Bruder auf den Balkon und zeige ihm die Mondrakete, die gerade über die Häuser fliegt, und wir machen eine Wette, ob sie heute endlich hinkommen oder wieder vorher ausglühen wird. Dann schreiben wir unsere Namen auf kleine Zettel, das heißt, dass wir uns freiwillig melden, mit der nächsten Rakete auf den Mond zu fliegen. Diese Zettel verstecken wir unter einem Blumentopf, weil Popp und Mingel immer so besorgt um uns sind und so etwas gar nicht erlauben würden. Den ganzen Tag sitzen sie zu Hause und warten auf uns, und wenn wir vom Balkon hereinkommen, fragen sie gleich, ob es nicht neblig draußen sei und ob wir uns auch nicht erkältet hätten. Ach, woher denn, sagen wir mit ganz rauer Stimme, erkältet, und setzen uns an den Tisch, und ich necke meine Schwester und sage, dass sie immer dünner wird und an Farbe verliert. Lass sie in Ruhe, sagt Popp, und dann überlegen wir uns, was wir jetzt machen wollen, und ich hole das Wettrennspiel aus dem Schrank.
Bei diesem Wettrennspiel will Mingel immer das weiße Pferd haben, aber sie hat nie Glück mit dem Würfeln, und ich muss es manchmal durch etwas Mogeln so einrichten, dass sie auch einmal gewinnt. Popp ist es egal, ob er gewinnt oder nicht, er ist immer rund und guter Laune, und sobald das Spiel zu Ende ist, rollt er in seinem Sessel herum und sagt, Mingel, wenn wir unsere Kinder nicht hätten. Und dann fängt Mingel ein bisschen an zu weinen, weil sie so rührselig ist, und Luzia muss sie trösten und mit ihr über die Weihnachtsplätzchen sprechen.
So war das alle Tage, und wenn ich von der Schule nach Hause gekommen bin, und man wird ja verstehen, dass ich da nicht auf den Hof wollte oder zu den Kindern im Parterre, die so frech sind und sich fortwährend streiten und zu jedem Ding Scheiße und Bockmist sagen, ganz egal, was es ist. Und natürlich wollte ich auch nicht zu den Jungens, die immer zu meinem Fenster heraufpfeifen und höhnische Gesichter machen, weil ich nicht in ihre Bande eintrete und weil sie glauben, dass ich zu fein oder zu

feige dazu bin. Ich bin aber gar nicht zu feige, ich habe nur bisher keine Lust gehabt und die Zeit ist mir auch immer ganz schnell vergangen, mitten in der schönsten Unterhaltung habe ich meine Mutter oder meinen Vater die Eingangstür aufmachen hören und habe nur noch in aller Eile meine Familie wegpacken und meine Schulbücher aufschlagen können. Aber an dem Nachmittag vor Allerseelen habe ich keine Bücher aufgeschlagen und meine Familie nicht in aller Eile verstecken müssen, weil sie nämlich schon vorher nicht da war, die ganze Familie, einfach nicht da.
Zuerst, als ich mich vor meinen Spielschrank hingehockt habe, um die Schachtel herauszuholen, und sie nicht gleich gefunden habe, habe ich gedacht, dann ist sie eben im unteren Fach oder im Kleiderschrank oder sonst wo, es musste ja immer so schnell gehen, und es kommt vor, dass man gar nicht genau aufpasst, was man tut. Es hat also eine große Sucherei angefangen, in den Schränken und unter den Schränken und schließlich auch auf den Schränken, wo ich gar nicht hinreichen konnte, und ich musste mich mit meinen schmutzigen Schuhen auf den guten Seidenstuhl stellen, was meine Mutter nachher sehr aufgebracht hat. Schließlich bin ich wieder an den Spielschrank zurück, und da habe ich plötzlich die Pappschachtel gesehen, aber an einer ganz ungewohnten Stelle, und als ich sie aufgemacht habe, waren alte Dominosteine darin. Da ist mir ein furchtbarer Verdacht gekommen, und ich bin in die Küche gerannt und habe den Mülleimer aufgemacht, der ganz neu ist und bei dem man nur auf eine Art von Gaspedal zu treten braucht, damit der Deckel aufspringt. In dem Mülleimer war aber nichts, nur ein paar Kartoffelschalen und viel zerknülltes Seidenpapier, das habe ich herausgerissen und auf den Gasherd geworfen, und man hat mich nachher gefragt, warum, aber ich habe keine Auskunft gegeben. Ich habe an dem Nachmittag immer noch weitergesucht; wenn die Sachen nicht im Mülleimer waren, mussten sie doch noch irgendwo sein, irgendwo, das hieß, alle noch übrigen Schubladen aufziehen und alle Fächer durchwühlen, auch im Wäscheschrank und im Büfett, und sich immer mehr aufregen, viel mehr, als man sich eigent-

lich über einen alten Fußball, eine kaputte Puppe, eine Schachfigur und einen eingeschrumpelten Luftballon aufregen kann. Ja, das habe ich gleich gefühlt, dass es verrückt war, wie ich mich anstellte, und es ist mir auch einen Augenblick lang der Gedanke gekommen, ein paar andere Gegenstände Popp und Mingel und Harry und Luzia zu nennen und also gewissermaßen eine neue Familie zu gründen. Aber ich habe doch gleich gewusst, dass ich das nicht mehr tun würde, weil ich wahrscheinlich längst zu alt dafür war. Ich habe gewusst, dass ich fortan immer so allein sein würde wie jetzt, als ich endlich mit dem Suchen aufhörte und in der Küche am Fenster stand; und weil ich gar nicht dazu gekommen war, Licht anzumachen, war es in der Wohnung schon dunkel und so entsetzlich öde und still. Ich habe auch schon geahnt, dass ich das nicht aushalten und wieder fortgehen würde, ins Kino an der Ecke, Taschengeld hatte ich ja genug, und wahrscheinlich würde ich auch jetzt nicht mehr nein sagen, wenn sie kämen und mich aufforderten, in die Bande einzutreten, obwohl die Jungen, die in der Bande sind, ganz stupide[14] Sachen machen, Autoreifen aufstechen und Schaufenster kaputtschmeißen, mehr fällt ihnen nicht ein. Aber es konnte ja sein, dass man mit der Zeit auch daran Geschmack fand, und auf jeden Fall war man dann nicht mehr so allein.

Über das alles habe ich nachgedacht und bin da am Fenster stehen geblieben, neben dem Gasherd, und dabei ist mir eingefallen, dass ich das Gas anzünden könnte, alle vier Flammen, aber nicht, um mir endlich mein Essen warm zu machen, nur so, zum Spaß. Ich habe also alle vier Deckel abgenommen und die Hähne ganz weit aufgemacht und angezündet, und die Flammen waren so hoch und lebendig und hell und warm, und ich hab mich gefreut und gedacht, dass man mit den Flammen vielleicht auch reden kann. Es ist nur eben leider noch das viele Seidenpapier aus dem Mülleimer auf dem Herd gelegen, und das muss Feuer gefangen und die Gardine angesteckt haben, jedenfalls hat die plötzlich in Flammen gestanden bis oben hinauf, und ich bin sehr er-

14 stumpfsinnig, dumm

schrocken und habe geschrien. Mein Vater hat in demselben Augenblick die Wohnungstür aufgeschlossen, und das war noch ein Glück, nur dass dann eben hinterher die ganze Fragerei gekommen ist und die Sache mit dem Lehrer und die mit dem Doktor, so als ob ich nicht ganz normal wäre oder als ob ich einen Zorn auf meine Eltern gehabt hätte. Und dabei hat meine Mutter doch gar nicht wissen können, was sie da weggeworfen oder verschenkt hat, und überhaupt habe ich nichts gegen meine Eltern, sie sind, wie sie sind, und ich mag sie gern. Nur dass es eben gewisse Sachen gibt, die man ihnen nicht erzählen kann, nur aufschreiben und dann wieder zerreißen, wenn man allein zu Hause ist, und es wird schon dunkel, und unten pfeifen die Jungens von der Bande, und noch ein paar Minuten, dann macht man das Fenster auf und ruft, ich komme, und dann geht man die Treppe hinunter, die Hände recht forsch in den Hosentaschen, vorbei an der Nixe, die hat einem früher sehr gefallen, aber jetzt weiß man mit einem Mal, dass man kein Kind mehr ist.

Ein verächtlicher Blick

Kurt Kusenberg

Das Telefon summte, der Polizeipräsident nahm den Hörer auf.
»Ja?«
»Hier spricht Wachtmeister Kerzig. Soeben hat ein Passant mich verächtlich angeschaut.«
»Vielleicht irren Sie«, gab der Polizeipräsident zu bedenken.
»Fast jeder, der einem Polizisten begegnet, hat ein schlechtes Gewissen und blickt an ihm vorbei. Das nimmt sich dann wie Geringschätzung aus.«
»Nein«, sprach der Wachtmeister. »So war es nicht. Er hat mich verächtlich gemustert, von der Mütze bis zu den Stiefeln.«
»Warum haben Sie ihn nicht verhaftet?«
»Ich war zu bestürzt. Als ich die Kränkung erkannte, war der Mann verschwunden.«

»Würden Sie ihn wiedererkennen?«
»Gewiss. Er trägt einen roten Bart.«
»Wie fühlen Sie sich?«
»Ziemlich elend.«
»Halten Sie durch, ich lasse Sie ablösen.«
Der Polizeipräsident schaltete das Mikrofon ein. Er entsandte einen Krankenwagen in Kerzigs Revier und ordnete an, dass man alle rotbärtigen Bürger verhafte.
Die Funkstreifen waren gerade im Einsatz, als der Befehl sie erreichte. Zwei von ihnen probierten aus, welcher Wagen der schnellere sei, zwei andere feierten in einer Kneipe den Geburtstag des Wirtes, drei halfen einem Kameraden beim Umzug, und die übrigen machten Einkäufe. Kaum aber hatten sie vernommen, um was es ging, preschten sie mit ihren Wagen in den Kern der Stadt.
Sie riegelten Straßen ab, eine um die andere, und kämmten sie durch. Sie liefen in die Geschäfte, in die Gaststätten, in die Häuser und wo sie einen Rotbart aufspürten, zerrten sie ihn fort. Überall stockte der Verkehr. Das Geheul der Sirenen erschreckte die Bevölkerung und es liefen Gerüchte um, die Hetzjagd gelte einem Massenmörder.
Wenige Stunden nach Beginn des Kesseltreibens war die Beute ansehnlich; achtundfünfzig rotbärtige Männer hatte man ins Polizeipräsidium gebracht. Auf zwei Krankenwärter gestützt, schritt Wachtmeister Kerzig die Verdächtigen ab, doch den Täter erkannte er nicht wieder. Der Polizeipräsident schob es auf Kerzigs Zustand und befahl, dass man die Häftlinge verhöre. »Wenn sie«, meinte er, »in *dieser* Sache unschuldig sind, haben sie bestimmt etwas anderes auf dem Kerbholz. Verhöre sind immer ergiebig.«
Ja, das waren sie wohl, jedenfalls in jener Stadt. Man glaubte jedoch nicht, dass die Verhörten misshandelt wurden; so grob ging es nicht zu, die Methoden waren feiner. Seit langer Zeit hatte die Geheimpolizei durch unauffälliges Befragen der Verwandten und Feinde jedes Bürgers eine Kartei angelegt, aus der man erfuhr, was ihm besonders widerstand: das Rattern von Stemmbohrern,

grelles Licht, Karbolgeruch, nordische Volkslieder, der Anblick enthäuteter Ratten, schlüpfrige Witze, Hundegebell, Berührung mit Fliegenleim und so fort. Gründlich angewandt, taten die Mittel meist ihre Wirkung: sie entpressten den Befragten Geständnisse, echte und falsche, wie es gerade kam, und die Polizei frohlockte. Solches stand nun den achtundvierzig Männern bevor.

Der Mann, dem die Jagd galt, befand sich längst wieder in seiner Wohnung. Als die Polizisten bei ihm läuteten, hörte er es nicht, weil er Wasser in die Badewanne strömen ließ. Wohl aber hörte er, nachdem das Bad bereitet war, den Postboten klingeln und empfing von ihm ein Telegramm. Die Nachricht war erfreulich, man bot ihm einen guten Posten im Ausland an – freilich unter der Bedingung, dass er sofort abreise.

»Gut«, sagte der Mann. »Gut. Jetzt sind zwei Dinge zu tun: der Bart muss verschwinden, denn ich bin ihn leid, und ein Pass muss her, denn ich habe keinen.«

Er nahm ein Bad, genüsslich, und kleidete sich wieder an. Dem Festtag zu Ehren wählte er eine besonders hübsche Krawatte. Er ließ sich durchs Telefon sagen, zu welcher Stunde er auf ein Flugzeug rechnen könne. Er verließ das Haus, durchschritt einige Straßen, in die wieder Ruhe eingekehrt war, und trat bei einem Friseur ein. Als dieser sein Werk verrichtet hatte, begab der Mann sich ins Polizeipräsidium, denn nur dort, das wusste er, war in sehr kurzer Frist ein Pass zu erlangen.

Hier ist nachzuholen, dass der Mann den Polizisten in der Tat geringschätzig angeschaut hatte – deshalb nämlich, weil Kerzig seinem Vetter Egon ungemein glich. Für diesen Vetter, der nichts taugte und ihm Geld schuldete, empfand der Mann Verachtung, und die war nun, als er Kerzig gewahrte, ungewollt in seinen Blick hineingeraten. Kerzig hatte also richtig beobachtet, gegen seine Meldung konnte man nichts einwenden.

Ein Zufall wollte es, dass der Mann beim Eintritt ins Polizeipräsidium erneut dem Polizisten begegnete, der ihn an Vetter Egon erinnerte. Dieses Mal aber wandte er, um den Anderen nicht zu kränken, seine Augen rasch von ihm ab. Hinzu kam, dass es dem

Armen offenbar nicht gut ging; zwei Wärter geleiteten ihn zu einem Krankenwagen.
So einfach, wie der Mann es gewähnt, ließ sich die Sache mit dem Pass nicht an. Es half ihm nichts, dass er mancherlei Papiere bei sich führte, dass er das Telegramm vorwies: die vermessene Hast des Unternehmens erschreckte den Passbeamten.
»Ein Pass«, erklärte er, »ist ein wichtiges Dokument. Ihn auszufertigen, verlangt Zeit.«
Der Mann nickte. »So mag es in der Regel sein. Aber jede Regel hat Ausnahmen.«
»Ich kann den Fall nicht entscheiden«, sagte der Beamte. »Das kann nur der Polizeipräsident.«
»Dann soll er es tun.«
Der Beamte kramte die Papiere zusammen und erhob sich. »Kommen Sie mit«, sprach er. »Wir gehen den kürzesten Weg – durch die Amtszimmer.«
Sie durchquerten drei oder vier Räume, in denen lauter rotbärtige Männer saßen. »Drollig«, dachte der Mann. »Ich wusste nicht, dass es ihrer so viele gibt. Und nun gehöre ich nicht mehr dazu.«
Wie so mancher Despot[15] gab der Polizeipräsident sich gern weltmännisch. Nachdem der Beamte ihn unterrichtet hatte, entließ er ihn und hieß den Besucher Platz nehmen. Diesem fiel es nicht leicht, ein Lächeln aufzubringen, denn der Polizeipräsident ähnelte seinem Vetter Arthur, den er gleichfalls nicht mochte. Doch die Muskeln, die ein Lächeln bewirken, taten brav ihre Pflicht – es ging ja um den Pass.
»Kleine Beamte«, sprach der Polizeipräsident, »sind ängstlich und meiden jede Entscheidung. Selbstverständlich bekommen Sie den Pass, sofort, auf der Stelle. Ihre Berufung nach Istanbul ist eine Ehre für unsere Stadt. Ich gratuliere.« Er drückte einen Stempel in den Pass und unterschrieb.
Lässig, als sei es ein beliebiges Heftchen, reichte er seinem Besuch das Dokument. »Sie tragen da«, sprach er, »eine besonders hübsche Krawatte. Ein Stadtplan – nicht wahr?«

15 herrischer, gewalttätiger Mensch

»Ja«, erwiderte der Mann. »Es ist der Stadtplan von Istanbul.«

»Reizender Einfall. Und nun« – der Polizeipräsident stand auf und reichte dem Mann die Hand – »wünsche ich Ihnen eine gute Reise.« Er geleitete den Besucher zur Tür, winkte ihm freundlich nach und begab sich in die Räume, wo man die Häftlinge vernahm.

Ihre Pein zu kürzen, hatten die Bedauernswerten manches Delikt[16] eingestanden, nur jenes nicht, dessen man sie bezichtigte.

»Weitermachen!«, befahl der Polizeipräsident und ging zum Mittagessen.

Bei seiner Rückkehr fand er eine Meldung vor. Ein Friseur hatte ausgesagt, er habe am Vormittag einen Kunden auf dessen Wunsch seines roten Bartes entledigt. Den Mann selbst könne er nicht beschreiben, doch erinnere er sich eines auffälligen Kleidungsstückes: einer Krawatte mit einem Stadtplan.

»Ich Esel!«, schrie der Polizeipräsident. Er eilte die Treppe hinunter, zwei Stufen mit jedem Satz. Im Hof stand wartend sein Wagen. »Zum Flugplatz!«, rief er dem Fahrer zu und warf sich auf den Rücksitz.

Der Fahrer tat, was er vermochte. Er überfuhr zwei Hunde, zwei Tauben und eine Katze, er schrammte eine Straßenbahn, beschädigte einen Handwagen mit Altpapier und erschreckte Hunderte von Passanten. Als er sein Ziel erreichte, erhob sich weit draußen, auf die Sekunde pünktlich, das Flugzeug nach Istanbul von der Rollbahn.

16 Straftat

Die Aussage

Günther Weisenborn

Die Vernehmung war nicht gut verlaufen, die letzten Aussichten für mich waren dahin, denn es lag eine zweite Aussage gegen mich vor. Und zwei Aussagen brauchte das Gericht für sein Todesurteil. Die erste Aussage war von mir durch nichts mehr zu erschüttern, denn der Aussagende war bereits hingerichtet. Aber die zweite Aussage stammte von einem, der noch lebte, ja, der ebenfalls im Gestapokeller[17] lag. Und zwar neben mir in Zelle 8, es war K.
Es war eine Aussage, die für ihn nicht sehr entscheidend war, sie war ihm anscheinend bei dem tagelangen Frage- und Antwortspiel mit unterlaufen. Und er ahnte sicher nichts von der Tragweite dieser Aussage für mich. Er ahnte nicht, dass sie mich im buchstäblichen Sinn des Wortes vernichten würde. Der Kommissar oben hatte seine zweite Aussage gegen mich, er rieb sich die Hände und das Gericht hatte damit automatisch ein Todesurteil für mich. Es war alles in Ordnung.
Ich saß eine Zeit lang zerschmettert und feige auf dem Stuhl, bereit, mich aufzugeben, von dem wochenlangen Kampf der Gehirne erschöpft. Gut, da habt ihr mich!
Die Mauer war vielleicht dick, wie ein Arm lang ist. Ich betrachtete sie. K. musste seine Aussage zurückziehen, dann war die alte Situation wieder hergestellt. Ich musste ein System finden, um mit ihm zu klopfen. Ich musste ihm hinüberklopfen, wie meine Lage war.
[…]
Es ist Sonntagmorgen. D. schläft noch. Sie liegt neben mir, der Ärmel ihres Nachthemdes ist bis zur Schulter hinaufgerutscht. Ihr Gesicht ist blass und entspannt. Sie sieht ganz anders aus jetzt, kindlicher, fast grübelnd. Ich stehe leise auf, bade und ziehe mich an, es ist neun Uhr. Ich wecke sie nicht. Sie schläft gern bis mittags, sie ist ein Nachtmensch. Dann gehe ich lautlos hinaus. Unten wandre ich ein wenig durch die trüben, kühlen Straßen Berlins, die leer sind. Am

17 Geheime Staatspolizei

Savignyplatz hat eine Konditorei eine kleine Terrasse. Dort hantiert bereits eine Kellnerin. Ich lasse mir ein Frühstück geben. Mit Behagen esse ich das weiße Brot und die Eier und trinke den starken Kaffee. Die Zeitungen sind alle dicke und ganz unberührt, und da es Sonntag ist, haben sie alle eine weihevolle, anspruchsvolle Kulturseite.

Ich sitze da und weiß, dass ich ziemlich glücklich bin. Draußen in den grünen Bäumen des Platzes pfeifen Finken und Spatzen. Ich lasse die Zeitungen sinken, der Rauch meiner Pfeife steigt zartblau in den Sonntagmorgen. Andächtige, leise Orgelmusik kommt irgendwo aus dem Radio. Es ist ein Großstadtsonntagmorgen, still, voll von grauem Frieden und matter Erfüllung. Eine schöne Frau liegt nicht weit von hier und schläft. Bald wird sie mich zu Hause anrufen, damit wir zusammen Mittagessen gehen. Ich werde mir plötzlich bewusst, dass ich diese graue Frühlingsatmosphäre nicht vergessen werde, nach aller nächtlichen Leidenschaft jetzt die vogeldurchzwitscherte Eintracht eines sauberen harmonischen Sonntagmorgens. Die tiefgrünen Bäume rauschen leise im Sommerwind auf.

Dann gehe ich davon.

Als ich abends gegen 10 Uhr um mein Leben klopfte, lag ich auf der Pritsche und schlug mit dem Bleistiftende unter der Wolldecke an die Mauer. Jeden Augenblick flammte das Licht in der Zelle auf und der Posten blickte durch das Guckloch. Dann lag ich still.

Ich begann als Eröffnung mit gleichmäßigen Takten. Er erwiderte genauso. Die Töne waren fein und leise wie sehr entfernt. Ich klopfte einmal = a, zweimal = b, dreimal = c.

Er klopfte unregelmäßig zurück. Er verstand nicht.

Ich wiederholte, er verstand nicht.

Ich wiederholte, er verstand nicht.

Ich wiederholte hundertmal, er verstand nicht.

Ich wischte mir den Schweiß ab, um meine Verzweiflung zu bezwingen. Er klopfte Zeichen, die ich nicht verstand, ich klopfte Zeichen, die er nicht verstand.

Ratlosigkeit.

Er betonte einige Töne, denen leisere folgten. Ob es Morse war? Ich kannte nicht Morse. Das Alphabet hat 25 Buchstaben. Ich klopfte für jeden Buchstaben die Zahl, die er im Alphabet einnahm: für h achtmal, für p sechzehnmal. Es tickten andere Takte herüber, die ich nicht begriff. Es schlug zwei Uhr. Wir mussten uns unbedingt verständigen. Ich klopfte:
.= a, .. = b, … = c
ganz leise und fern die Antwort:
– –.– – –.–..
Keine Verständigung. In der nächsten Nacht jedoch kam es plötzlich herüber, ganz leise und sicher: ., .., … Dann die entscheidenden Zeichen: zweiundzwanzig gleiche Klopftöne. Ich zählte mit, das musste der Buchstabe »v« sein. Dann fünf Töne. Es folgte ein r, das ich mit atemlos kalter Präzision auszählte. Danach ein s, ein t, ein e, ein h, ein e!
»… verstehe …«
Ich lag starr und glücklich unter der Wolldecke. Wir hatten Kontakt von Hirn zu Hirn, nicht durch den Mund, sondern durch die Hand. Unser Verstand hatte die schwere Zellenmauer des Gestapokellers überwunden. Ich war nass vor Schweiß, überwältigt vom Kontakt. Der erste Mensch hatte sich gemeldet. Ich klopfte nichts als: gut!

Es ist einem Einzelnen unmöglich, einen Gedanken zu Ende zu denken. Die letzte Verlängerung eines Gedankens ist nicht verfolgbar, nicht erjagbar. Denken ist ein Massenprozess der Menschheit. Der Einzelne liefert nur Teilstücke dazu.

[…]
Es war entsetzlich kalt, ich ging den Tag etwa zwanzig Kilometer in der Zelle auf und ab, machte im Monat 600, in neun Monaten 5400 Kilometer, von Paris bis Moskau etwa, wartende Kilometer, fröstelnd, auf mein Schicksal wartend, das der Tod sein musste. Ich wusste es und der Kommissar hatte gesagt, dass bei mir »der Kopf nicht dran« bleiben würde.

Die zweite Aussage lag eben vor, daran war nichts zu ändern. Es war nur eine Hoffnung, wenn K. diese Aussage zurücknehmen würde.

In der Nacht klopfte ich ihn an:

»Du – musst – deine – Aussage – zurücknehmen.«

Es klopfte zurück:

»Warum?«

Ich: »Ist – zweite – Aussage – gegen – mich – bedeutet – Todesurteil – «

Er: »Wusste – ich – nicht – «

Ich: »Wir – sind – nicht – hier um – Wahrheit – zu – sagen – «

Er: »Nehme – zurück – «

Ich: »Danke – «

Er: »Morgen – «

Ich: »Was – brauchst – du? – «

Er: »Bleistift – «

Ich: »Morgen – Spaziergang – «

Es wurde plötzlich hell. Das Auge der SS[18] blickte herein. Ich lag still unter der Decke.

Es wurde wieder dunkel. Ich hatte Tränen in den Augen. »Nehme zurück!« Das werde ich nie vergessen. Es kam ganz fein und leise taktiert durch die Wand. Eine Reihe von kaum wahrnehmbaren Tönen, und es bedeutete, dass für mich die Rettung unterwegs war. Sie bestand diese Nacht nur im Gehirn eines Todeskandidaten, drüben in Zelle 8, unsichtbar, winzig. Morgen würden es oben Worte werden, dann würde es ein unterschriebenes Protokoll im Büro sein, und eines Tages würde dies alles dem Gericht vorliegen. Dank in die Ewigkeit, K.

[…]

Ich sah durch ein Fenster in Apostoles ein Liebespaar, das sich küsste. Es waren ein dünnes, kreolisches Mädchen und ein Caballero, der im Schatten kaum zu erkennen war. Er hatte mit der zielsicheren Scham der Männer die dunklere Seite des Sofas aufgesucht,

18 Schutzstaffel: Polizeiähnliche Organisation, von Hitler für besondere Aufgaben gegründet

auf dem sie saßen und sich herzten. Ich sah, dass das Mädchen mit schwer atmender Leidenschaft den Mann suchte.
Jener aber rührte sich wenig, er duldete anscheinend ein gewohntes Spiel. Gewiss, er beteiligte sich, aber es musste ein unaufrichtiger, hochmütiger Mann dort im Dunkel sitzen, ein Mann, der nicht brannte, ein Mann, der andere verbrennen ließ. Vielleicht war er schön und das Mädchen hässlich, man konnte es nicht genau erkennen.
Sie achtete nicht auf den Beobachter, der vor dem Fenster vorbeischlenderte und hereinblickte. Sie waren zu sehr mit ihrem Schicksal beschäftigt. Eng umschlungen saßen sie in der niedrigen Kammer unter dem südlichen Kreuz, wie sie in allen Breitengraden sitzen, weltabgewandt und schwer atmend, die liebenden Paare der Erde.

Ich brach von meinem Bleistift die lange Graphitspitze ab und trug sie während des Spaziergangs bei mir. Es gingen ständig sechs Mann, immer dieselben, die ich nicht kannte, im Kreis um den engen Gestapohof. Zurückgekehrt standen wir auf unserm Flur zu drei Mann, weit voneinander entfernt, und warteten einige Sekunden, bis der Posten uns nachkam. Ich eilte heimlich auf Zelle 8 zu, riss die Klappe auf, warf die Bleistiftspitze hinein, schloss die Klappe lautlos und stellte mich eilig an meinen Platz. Ich werde nie das erstaunte Aufblicken seiner sehr blauen Augen, sein bleiches Gesicht, die Hände, die gefesselt vor ihm auf dem Tisch lagen, vergessen. Der Posten kam um die Ecke. Das Herz schlug mir bis in den Hals. Wir wurden eingeschlossen.
Später klopfte es: »Danke – habe Aussage – zurückgenommen.«
Ich war gerettet.
Vielleicht.
[…]
Dies ist die Geschichte der Notizen, die K. mit der Bleistiftspitze aufzeichnete.
Er verbarg die Zettel, auf denen er seinen einsamen Monolog niederkritzelte, in der Dielenritze der Zelle 8 im Gestapogefängnis

Prinz-Albert-Straße 8. Er wurde hingerichtet. Neue Bewohner zogen in die Zelle 8 ein, keiner ahnte etwas von den Notizen. Es kam die Befreiung Berlins, es kam der eiserne Sommer des ersten Jahres. Und es meldete sich ein früherer Häftling, der berichtete, was ihm ein später hingerichteter Kamerad anvertraut hatte: In den Ruinen der Prinz-Albert-Straße 8 seien noch Notizen von K. versteckt. Sie wurden im Herbst des Freiheitsjahres tatsächlich unter Schutt und Geröll gefunden, Botschaft eines tapferen Toten aus dem Hause des Unheils an die Welt gerichtet, die nach ihm kam.

Kurzgeschichten im Grenzbereich der Gattungen

Anekdote zur Senkung der Arbeitsmoral

Heinrich Böll

In einem Hafen an einer westlichen Küste Europas liegt ein ärmlich gekleideter Mann in seinem Fischerboot und döst. Ein schick angezogener Tourist legt eben einen neuen Farbfilm in seinen Fotoapparat, um das idyllische Bild zu fotografieren: blauer Himmel, grüne See mit friedlichen schneeweißen Wellenkämmen, schwarzes Boot, rote Fischermütze. Klick. Noch einmal: klick, und da aller guten Dinge drei sind und sicher sicher ist, ein drittes Mal: klick. Das spröde, fast feindselige Geräusch weckt den dösenden Fischer, der sich schläfrig aufrichtet, schläfrig nach seiner Zigarettenschachtel angelt; aber bevor er das Gesuchte gefunden, hat ihm der eifrige Tourist schon eine Schachtel vor die Nase gehalten, ihm die Zigarette nicht gerade in den Mund gesteckt, aber in die Hand gelegt, und ein viertes Klick, das des Feuerzeuges, schließt die eilfertige Höflichkeit ab. Durch jenes kaum messbare, nie nachweisbare Zuviel an flinker Höflichkeit ist eine gereizte Verlegenheit entstanden, die der Tourist – der Landessprache mächtig – durch ein Gespräch zu überbrücken versucht.

»Sie werden heute einen guten Fang machen.«

Kopfschütteln des Fischers.

»Aber man hat mir gesagt, dass das Wetter günstig ist.«

Kopfnicken des Fischers.

»Sie werden also nicht ausfahren?«

Kopfschütteln des Fischers, steigende Nervosität des Touristen. Gewiss liegt ihm das Wohl des ärmlich gekleideten Menschen am Herzen, nagt an ihm die Trauer über die verpasste Gelegenheit.

»Oh, Sie fühlen sich nicht wohl?«

Endlich geht der Fischer von der Zeichensprache zum wahrhaft gesprochenen Wort über. »Ich fühle mich großartig«, sagt er. »Ich habe mich nie besser gefühlt.« Er steht auf, reckt sich, als wolle er demonstrieren, wie athletisch er gebaut ist. »Ich fühle mich fantastisch.«

Der Gesichtsausdruck des Touristen wird immer unglücklicher, er kann die Frage nicht mehr unterdrücken, die ihm sozusagen das Herz zu sprengen droht: »Aber warum fahren Sie dann nicht aus?«

Die Antwort kommt prompt und knapp. »Weil ich heute Morgen schon ausgefahren bin.«

»War der Fang gut?«

»Er war so gut, dass ich nicht noch einmal auszufahren brauche, ich habe vier Hummer in meinen Körben gehabt, fast zwei Dutzend Makrelen gefangen …«

Der Fischer, endlich erwacht, taut jetzt auf und klopft dem Touristen beruhigend auf die Schultern. Dessen besorgter Gesichtsausdruck erscheint ihm als ein Ausdruck zwar unangebrachter, doch rührender Kümmernis.

»Ich habe sogar für morgen und übermorgen genug«, sagt er, um des Fremden Seele zu erleichtern. »Rauchen Sie eine von meinen?«

»Ja, danke.«

Zigaretten werden in Münder gesteckt, ein fünftes Klick, der Fremde setzt sich kopfschüttelnd auf den Bootsrand, legt die Kamera aus der Hand, denn er braucht jetzt beide Hände, um seiner Rede Nachdruck zu verleihen.

»Ich will mich ja nicht in Ihre persönlichen Angelegenheiten mischen«, sagt er, »aber stellen Sie sich mal vor, Sie führen heute ein zweites, ein drittes, vielleicht sogar ein viertes Mal aus und Sie würden drei, vier, fünf, vielleicht gar zehn Dutzend Makrelen fangen … stellen Sie sich das mal vor.«

Der Fischer nickt.

»Sie würden«, fährt der Tourist fort, »nicht nur heute, sondern morgen, übermorgen, ja, an jedem günstigen Tag zwei-, dreimal, vielleicht viermal ausfahren – wissen Sie, was geschehen würde?«

Der Fischer schüttelt den Kopf.

»Sie würden sich in spätestens einem Jahr einen Motor kaufen können, in zwei Jahren ein zweites Boot, in drei oder vier Jah-

ren könnten Sie vielleicht einen kleinen Kutter haben, mit zwei Booten oder dem Kutter würden Sie natürlich viel mehr fangen – eines Tages würden Sie zwei Kutter haben, Sie würden …«, die Begeisterung verschlägt ihm für ein paar Augenblicke die Stimme. »Sie würden ein kleines Kühlhaus bauen, vielleicht eine Räucherei, später eine Marinadenfabrik, mit einem eigenen Hubschrauber rundfliegen, die Fischschwärme ausmachen und Ihren Kuttern per Funk Anweisung geben. Sie könnten die Lachsrechte erwerben, ein Frischrestaurant eröffnen, den Hummer ohne Zwischenhändler direkt nach Paris exportieren – und dann …« wieder verschlägt die Begeisterung dem Fremden die Sprache. Kopfschüttelnd, im tiefsten Herzen betrübt, seiner Urlaubsfreude schon fast verlustig, blickt er auf die friedlich hereinrollende Flut, in der die ungefangenen Fische munter springen. »Und dann«, sagt er, aber wieder verschlägt ihm die Erregung die Sprache.
Der Fischer klopft ihm auf den Rücken, wie einem Kind, das sich verschluckt hat. »Was dann?«, fragt er leise.
»Dann«, sagt der Fremde mit stiller Begeisterung, »dann könnten Sie beruhigt hier im Hafen sitzen, in der Sonne dösen und auf das herrliche Meer blicken.«
»Aber das tu ich ja schon jetzt«, sagt der Fischer, »ich sitze beruhigt am Hafen und döse, nur Ihr Klicken hat mich dabei gestört.«
Tatsächlich zog der solcherlei belehrte Tourist nachdenklich von dannen, denn früher hatte er auch einmal geglaubt, er arbeite, um eines Tages einmal nicht mehr arbeiten zu müssen, und es blieb keine Spur von Mitleid mit dem ärmlich gekleideten Fischer in ihm zurück, nur ein wenig Neid.

Am Band

Günter Wallraff

Der Herr im Personalbüro begreift nicht, dass ich unbedingt ans Fließband will. Er bietet mir einen Schreibposten in der Betriebsprüfung an und telefoniert schon mit der zuständigen Stelle. Er ist gekränkt, als ich entschieden abwinke.

Ich sage ihm: »Ich hab den ganzen Bürokram satt. Möchte von unten anfangen wie mein verstorbener Vater, der auch am Band gearbeitet hat.« Er lässt nicht nach: »Sie wissen nicht, was Ihnen bevorsteht! Das Band hat's in sich! Und wollen Sie auf das Geld verzichten, das Sie im Büro mehr verdienen? Außerdem sind am Band fast nur noch ausländische Arbeiter beschäftigt.« Dieses ›nur ausländische Arbeiter‹ klingt wie ›zweitklassige Menschen‹.

Als er einsieht, dass er mich nicht überzeugen kann, entlässt er mich mit der Bemerkung: »Sie werden ganz bestimmt noch an mich denken. Wenn es zu spät ist. Wer einmal am Band ist, kommt so leicht nicht wieder davon weg.«

Der Betriebsarzt will wissen, in welche Abteilung ich möchte. Als ich sage, »ans Band«, schüttelt er den Kopf. »Freiwillig ans Band? Das gibt's doch nicht.« Auch hier muss ich einen Bogen ausfüllen, auf dem nach allen möglichen Krankheiten gefragt wird. Ob ich ›nachts schwitze‹? Ob ›Glieder fehlen‹? Ob ich ›in einer Heil- und Pflegeanstalt‹ behandelt worden bin?

Ich bin angenommen worden. Morgen geht's los.

[…] Eine Frau arbeitet mich ein. Sie ist schon vier Jahre am Band und verrichtet ihre Arbeit ›wie im Schlaf‹, wie sie selbst sagt. Ihre Gesichtszüge sind verhärtet.

Linke Wagentür öffnen. Scharniersäule nachstreichen. Das abgeschliffene Scharnier neu streichen. Griff für die Kühlerhaube herausziehen. (Er klemmt oft.) Kühlerhaube aufklappen. Wagennummer mit Lack auslegen. Rechte Wagentür wie bei der linken. Kofferraum öffnen und nach eventuellen Lackfehlern suchen. Zusätzlich noch auf sonstige Lackfehler achten, die bei sorgfältiger Prüfung immer zu finden sind. Mit zwei Pinseln arbeiten. Der große für die Scharniersäule, die von der Wagentür halb verdeckt ist und an die man schlecht herankommt; der kleine für feinste Lackfehler zum Auslegen, was besonders viel Zeit in Anspruch nimmt. Außerdem immer wieder zu den Lacktöpfen zurücklaufen, Pinsel säubern und Farbtöpfe wechseln, weil die Wagen auf dem Band in kunterbunter Reihe erscheinen. Zusätzlich auf den Laufzettel der Wagen meine Kontrollnummer vermerken.

Noch arbeiten wir zu zweit. Ich begreife nicht, wie die Frau allein damit fertig geworden ist. Nach zwei Tagen Einarbeiten wird die Frau versetzt, zum Wagenwaschen. Damit ist sie nicht einverstanden. Sie fürchtet um ihre Hände, die vom Benzin ausgelaugt werden. Aber danach fragt keiner. Der Meister geht ihr aus dem Weg.

Ich frage sie, ob sie sich nicht an einen ›Vertrauensmann‹ wenden kann, aber von dessen Existenz weiß sie nichts.

Allein werde ich mit der Arbeit nicht fertig. Ich übersehe kleine Lackschäden, aber man ist nachsichtig. »Mit der Zeit haut das schon hin.«

Punkt 15.10 Uhr ruckt das Band an. Nach drei Stunden bin ich selbst nur noch Band. Ich spüre die fließende Bewegung des Bandes wie einen Sog in mir.

Wenn das Band einmal einen Augenblick stillsteht, ist das eine Erlösung. Aber umso heftiger, so scheint es, setzt es sich danach wieder in Gang. Wie um die verlorene Zeit aufzuholen.

Die Bandarbeit ist wie das Schwimmen gegen einen starken Strom. Man kann ein Stück dagegen anschwimmen. Das ist erforderlich, wenn man einmal zur Toilette muss oder im gegenüberliegenden Automaten einen Becher Cola oder heißen Kaffee ziehen will. Drei, vier Wagen kann man vorarbeiten. Dann wird man unweigerlich wieder abgetrieben.

J., vom Band nebenan, 49 Jahre alt, erinnert sich an frühere Zeiten: »Da ging es noch gemütlicher am Band zu. Wo früher an einem Band drei Fertigmacher standen, arbeiten heute an zwei Bändern vier.«

Aber J. beklagt sich nicht. »Man gewöhnt sich daran. Hauptsache, ich bin noch gesund. Und jede Woche ein paar Flaschen Bier.«
Jeden Tag nach Schichtende, 23.40 Uhr, setzt er noch ein paar Überstunden dran und kehrt mit zwei andern unseren Hallenabschnitt aus. Ich bin nach acht Stunden erledigt. Die Frühschicht soll besser sein, hat man mir gesagt. »Man gewöhnt sich mit der Zeit an alles.«
Einer von meinem Bandabschnitt erzählt, wie der dauernde Schichtwechsel »langsam, aber sicher« seine Ehe kaputtmacht. Er ist jungverheiratet – ein Kind –, seit drei Monaten neu am Band. »Wenn ich nach Hause komme, bin ich so durchgedreht und fertig, dass mich jeder Muckser vom Kind aufregt. Für meine Frau bin ich kaum mehr ansprechbar. Ich sehe kommen, dass sie sich scheiden lässt. Bei der Spätschicht ist es am schlimmsten. Meine Frau ist jetzt für eine Zeit lang mit dem Kind zu ihrer Mutter gezogen. Das ist mir fast lieber so.«
Wer am Band mein Meister ist, weiß ich nicht. Es kam einmal jemand vorbei – an einem hellbraunen Kittel ein Schildchen: »Meister Soundso« – und fragte nach meinem Namen. Er sagte: »Ich weiß, Sie sind neu. Ich komme jeden Tag hier mal vorbei. Falls Sie was haben sollten, fragen Sie nur.« Von ihm erfahre ich auch, dass ich »Fertigmacher« werden soll. Was das ist, erfahre ich nicht. Und wie man so etwas wird und wie lange es dauert, verrät er auch nicht.
Die vor mir am Band arbeiten und hinter mir, kenne ich nicht. Ich weiß auch nicht, was sie tun. Manchmal begegnen wir uns am Band im gleichen Wagen. Sie sind mit der Montage an ihrem Abschnitt nicht fertig geworden und in mein Revier abgetrieben – oder umgekehrt. Dann sind wir uns gegenseitig im Weg.
Da schlägt mir einer eine Wagentür ins Kreuz oder ich beschütte einen mit Lack. Sich entschuldigen ist hier nicht drin. Jeder wird so von seinen Handgriffen in Anspruch genommen, dass er den andern übersieht.
Das Zermürbende am Band ist das ewig Eintönige, das Nichthaltmachenkönnen, das Ausgeliefertsein. Die Zeit vergeht quä-

lend langsam, weil sie nicht ausgefüllt ist. Sie erscheint leer, weil nichts geschieht, was mit dem wirklichen Leben zu tun hat. [...]

Donnerstagnachmittag findet für alle, die mit Lack arbeiten, eine Feuerwehrübung statt. Der Werkfeuerwehrmeister weist jeden Einzelnen in die Bedienung der Handfeuerlöscher ein. Er erklärt, dass jeder einen Brand bis zum Eintreffen der Werkfeuerwehr »beherzt und mutig, unter persönlichem Einsatz« zu bekämpfen habe, um die »kostbaren Maschinen« zu retten. Wie man unter Umständen sein Leben retten kann, erklärt er nicht. Vor einer »sehr wirkungsvollen, automatischen Löschanlage« warnt er uns: »Wenn in diesen Hallenabschnitten, wo die teuersten Maschinen montiert sind, Feuer ausbricht, schaltet sich automatisch die Lösch- und Warnanlage ein. Bei einem lang anhaltenden Heulton müssen Sie innerhalb von 10 bis 15 Sekunden diesen Abschnitt verlassen haben. Sonst werden sie durch die ausströmenden Chemikalien ohnmächtig und fallen den Flammen zum Opfer.« [...]

Die Frau, die mich in den ersten beiden Tagen eingearbeitet hat und deren Namen ich nicht weiß, beklagt sich: »Ich arbeite ebenso gut wie ein Mann. Kriege aber längst nicht den gleichen Stundenlohn. Wo bleibt da die Gleichberechtigung?« Sie erzählt noch, dass sie mehrmals krank war und man ihr trotz eines Attestes vom Vertrauensarzt mit der Kündigung drohte. »Der Arbeitsplatz ist schlecht gesichert. Ich bin fast fünf Jahre bei den Ford-Werken und innerhalb von 14 Tagen hätte man mich ohne Angabe eines Grundes raussetzen können.« Ihr Mann ist ebenfalls bei den Ford-Werken als »Springer« beschäftigt. »Er ist überall und nirgends.« Sie sind beide in der gleichen Halle und sehen sich dort höchstens ein- bis zweimal im Jahr.
Ein anderer, Autoelektriker, will jetzt auf einer Abendschule die Mittlere Reife nachholen, um aufs Büro zu kommen; weil das Bandtempo ihn ›kaputtmacht‹.

Es dauert etwa eine Stunde, bis das Band wieder instand gesetzt ist. Danach läuft es umso schneller und hält in den folgenden Tagen nicht mehr an.

Eine Gewöhnung an die Fließarbeit tritt auch nach den ersten vier Wochen nicht ein. Nach Schichtschluss bin ich jedes Mal erledigt. In dem vollgepfropften Arbeiterbus schlafe ich fast im Stehen ein. Selbst die italienischen Arbeiter sind verstummt. Die Fracht Menschen im Bus ist still und apathisch.
Zu Hause brauche ich Stunden, um mich von der Arbeit auf die Freizeit umzustellen. Acht Stunden lang war ich Rädchen am Getriebe Band, jetzt will ich endlich wieder Mensch sein. Aber wenn ich nach drei Stunden halbwegs wieder zu mir gekommen bin, ist es zu spät, noch etwas mit dem ›Feierabend‹ anzufangen.
Die zwei Stunden von 19.00 bis 21.00 Uhr bedeuten auch nur ein Atemschöpfen, um für die Schicht am nächsten Morgen wieder fit zu sein. Den Schlaf von 21 bis 5 Uhr brauche ich dazu. Ich stumpfe bei der monotonen Arbeit mehr und mehr ab. Vielleicht ist das die Gewöhnung. Eingespannt in den Rhythmus der wechselnden Schichten, bin ich nur noch für die Arbeit da. Essen, trinken, schlafen zur Erhaltung der Arbeitskraft. Was darüber hinausreicht, ist Luxus, den man sich bei dieser Arbeit nicht oft leisten kann. […]

Es fällt auf, dass die meisten am Band noch jung sind. Keiner ist über fünfzig (die meisten zwischen 20 und 35). Ich habe herumgefragt und keinen gefunden, der länger als fünfzehn Jahre am Band ist. Einige sind vom Band gezeichnet. Die Hände eines Türeinpassers fangen regelmäßig an zu zittern, wenn er nicht fertig wird und hinter den Wagen herlaufen muss. Ein anderer unterhält sich nur brüllend, auch wenn man dicht neben ihm steht. Er war mehrere Jahre an einem Bandabschnitt eingesetzt, wo ein solcher Lärm war, dass man sich nur mit Brüllen verständigen konnte. Er hat dieses Brüllen beibehalten. Einer erzählt mir, dass ihm das Band sogar nachts keine Ruhe lässt. Er

richte sich oft im Schlaf auf und vollführe mechanisch die Bewegungen der Handgriffe, die er tagsüber stereotyp verrichten muss. In der Versehrtenabteilung sollen sich zahlreiche ›Opfer vom Band‹ befinden.
Aber wir haben keinen Grund, uns über unsere Arbeit zu beklagen, meint ein Arbeiter, der im Großlack, »Lackhölle« genannt, arbeitet. Kein Grund zur Klage, denn: unsere Arbeit sei »leicht und abwechslungsreich und vor allem nicht gesundheitsschädlich«.

Ein paar Minuten vor Schichtwechsel.
Auf dem Band gibt's eine Lücke von zwanzig Metern. Jupp, der Entbeuler, nimmt seine Chance wahr. Er klirrt sein Werkzeug, Hammer und Klatsche, wild gegeneinander und trifft den Ton der elektrischen Klingel täuschend ähnlich.
»Feierabend, keinen Pinselstrich mehr«, atmet der Lackierer am Band neben mir auf und hört gleichzeitig mit der Arbeit auf. »Endlich! Geschafft!«, ruft der Türeinpasser, »ich habe seit heute früh auf nichts andres gewartet«, und feuert sein Werkzeug im Vorbeilaufen in die Werkzeugkiste. Kaum einer führt den Handgriff, bei dem er gerade ist, zu Ende. Auch ich schmeiße augenblicklich alles hin. Vor der Stempeluhr stauen sich die Massen. Alle warten ungeduldig auf das endgültige Klingelzeichen. Aber die Stempeluhr hält uns noch fest. »Wir stehen hier wie die Bekloppten!«, empört sich ein 20-jähriger Arbeiter, für den das Stempeln noch ungewohnt ist.
Endlich schrillt die elektrische Klingel. Die Stechkarte wird in den Schlitz gesteckt und der Hebel heruntergedrückt; die von hinten schieben. Einer, der sich dazwischendrängt, um an der Tafel seine Stempelkarte herauszufingern, stößt mich unsanft zur Seite. Draußen rennen schon die Ersten dem Ausgang zu. Sie versuchen, die ersten Busse zu erreichen, die eine Minute nach Schichtende abfahren, meist leer. Im Strom der nach draußen drängenden Arbeiter werde ich durch einen schmalen Gang hinausgeschwemmt. Vorher noch die Kontrolle am Tor. Ich drücke den

automatischen Kontrollknopf und halte dem Pförtner die geöffnete Aktentasche hin. Die automatische Kontrolllampe leuchtet rot auf. Ich muss in eine Kabine, hinter dem Vorhang werde ich kurz abgetastet, »auf eine eventuell unter der Jacke verborgene Kurbelwelle oder auf dem Körper versteckte Motorteile hin«, wie mir der Mann vom Werkschutz dabei erklärt.
Im Bus stellt der Schaffner lakonisch fest: »Man behandelt euch wie die Verbrecher!« [...]

Ich kenne keine Arbeiter, die außerhalb ihres Arbeitsplatzes Verbindung zueinander hätten. Der 56-jährige T., der an dem stillstehenden Reparaturband eingesetzt ist, erzählt: »Früher war das eine andere Zeit. Da kamen wir sonntags mit den Familien zusammen. Da haben wir zu fünf Mann ein ganzes Auto zusammengebaut. Wir hatten alle denselben ›Beruf‹ und waren noch was. Heute sind die Ungelernten gefragter. Die lassen alles mit sich machen.« Ich erkundige mich, was er an seinem Feierabend macht, und er fängt an, von seinem Schrebergarten zu schwärmen: »Mein kleines Gärtchen möchte ich nicht mehr hergeben. Da arbeite ich jeden Abend drin und kann mich auf einer Bank ausruhen, wenn alles um mich herum blüht. Und ich bin nicht auf das teure Obst und Gemüse angewiesen. Den Urlaub verbring ich mit meiner Frau auch im Garten. Was soll ich denn groß verreisen?« Er verrät noch, dass er hin und wieder aus Leichtmetallresten, die ihm ein Arbeiter vom Schrott überlässt, Spielautos für seine Enkelkinder bastelt. »Weißt du, die ganz alten Modelle. ›Eifel‹ und noch früher. Als wir noch Herr übers Band waren.«

Von den fünfzig machen fünfzehn keine Überstunden. Alle andern sind darauf erpicht und reißen sich regelrecht darum, wenn zusätzliche Arbeit anfällt. P., ein Spitzenmann, jungverheiratet, zwei Kinder, sagt: »Ich bin einfach gezwungen, regelmäßig Überstunden zu machen. Ich wohne in einer Werkswohnung, anderthalb Zimmer, 138 Mark. Jetzt soll die Miete auf 165 Mark erhöht werden. Hier nennt man das ›Sozialwohnung‹. Ich nenn es ›Aus-

nützung der Wohnungsnot‹. Ich kann es mir auch nicht leisten, in den Ferien zu verreisen.«
Von den 50 sind 28 »Campingfreunde«. 25 von ihnen sind unter 30 Jahre. Nur auf diese Weise ist es ihnen möglich, einmal aus ihrer gewohnten Umgebung herauszukommen und »etwas von der Welt zu sehen«. K., ein 23-jähriger »Springer« (der nur auf dem Papier Springer ist, in Wirklichkeit fest in der Produktion eingesetzt ist und für keinen Kollegen mehr einspringen kann), sagt: »Ohne Zelt verreisen, wäre mir schon angenehmer. Wenn das Urlaubsgeld durchkommt, können wir es uns leisten. Dann ist es auch Erholung.« Ich kenne einen Arbeiter des alten Schlages, der freitags einen großen Teil von seinem Lohn durch die Kehle laufen lässt. Er sagt: »Dieses lumpige ›Trinkgeld‹ taugt allein zum Versaufen!« Ein Einziger aus unserem Hallenabschnitt verkörpert den deutschen »Wirtschaftswunderarbeiter«. Er ist kinderlos, 45 Jahre und fährt jedes Jahr mit seiner Frau im eigenen Wagen nach Italien. Jedes Jahr, Mitte Juli, geht er zur Mülheimer Kreditbank und nimmt einen 2000-DM-Kredit auf, den er das Jahr über bis zum nächsten Urlaub abstottern muss. [...]

Zu Schichtbeginn wird den Lackierern mitgeteilt: »Ein bedauerlicher Produktionsfehler hat sich irgendwo vorn am Band eingeschlichen. Der Fehler wird bereits wieder abgestellt. Aber für ein paar Stunden laufen noch die alten Wagen. Die Lackierer müssen die Schäden halt hier ausbügeln. Lässt sich leider nicht anders machen. Ist auch nur am T-Modell und für einige Stunden.«
Das »Ausbügeln des Produktionsfehlers« besteht im zusätzlichen Streichen von zwei nicht lackierten und schlecht zugänglichen Stellen. Man muss dafür in jeden T reinkriechen. Erscheinen einige T's hintereinander auf dem Band – das kommt alle paar Minuten vor –, schlagen wir uns doppelt.
Wir geraten ins »Schwimmen« und hängen dauernd vorn.
»Da heißt's Zähne zusammengebissen und durchhalten, ist ja bald wieder vorüber«, sagt J. nebenan und setzt zu einem Spurt an, um den ersten Wagen noch zu »packen«, der gleich vom Band

rollt und an dem er noch nichts gemacht hat. Unsere Schicht geht zu Ende und der Produktionsfehler läuft immer noch.

Auch am nächsten Tag hat er sich noch nicht wieder heraus-»geschlichen«. Als er auch am dritten Tag noch da ist, glauben wir nicht mehr an einen »Fehler«. […]

Auch bei den Fertigmachern ist »rationalisiert« worden. Man hat auf ihre Kosten zwei Inspekteure eingespart. Jetzt müssen sie deren Arbeit noch außer ihrer eigenen verrichten. »Elektrische Anlage überprüfen und Schlüssel einstecken. Ein halber Arbeitsgang dazu. Unsere Vorgabezeit war vorher schon knapp genug. Wir wussten oft nicht, wo uns der Kopf stand. Jetzt können wir's selbst mit Hängen und Würgen kaum schaffen.«

Die meisten Arbeiter sind unzufrieden. Ich kenne keinen, der seine Arbeit als »Beruf« ansieht und sich mit ihr identifiziert. Viele haben bei der Arbeit einen nervösen, gereizten Ausdruck im Gesicht. Oder einen starren Blick. Das sind diejenigen, die meist schon jahrelang dabei und inzwischen abgestumpft sind, die nicht mehr wahrnehmen, was um sie herum vorgeht.

Auch in der halbstündigen Pause ist Thema Nr. 1 die Unzufriedenheit mit der Arbeit. Und dass sich die Arbeiter betrogen fühlen. »Wir sind doch nur Handlanger der Maschine. Hauptsache, die Produktionszahlen stimmen!« »Wer bedeutet hier schon mehr als seine siebenstellige Nummer?« (Je niedriger die Kontrollnummer, umso höher ist der Besitzer eingestuft.) Jemand klagt: »Ich war über fünf Jahre bei Ford, ohne einmal krank gewesen zu sein, als ich einen Unfall hatte. Dann aber schickte man mir jeden dritten Tag eine neue Vorladung zum Vertrauensarzt. Bis es dem zu bunt wurde und er sagte: ›Ob und wann Sie arbeitsfähig sind, das bestimme immer noch ich.‹ Es kam mir so vor, als ob diese Vorladungen schematisch von einer Maschine ausgestellt würden. Denn mein Meister kannte mich doch und wusste, dass ich nicht ohne Grund krankfeierte.« Ein anderer: »Wer alt wird und das Tempo nicht mehr mithält, bekommt einen Tritt. Er hat ausgedient und seine Schuldigkeit getan. Er kann gehen oder bekommt eine schlecht bezahlte Arbeit.«

Ein Dritter hat einen schweren Unfall gehabt. »Der Werksarzt bestimmte, dass ich für einige Monate in die Versehrtenabteilung kam. Er trug mir auf: »Sagen Sie das Ihrem Meister.« Der Meister ließ mich aber nicht weg. In den ersten drei Tagen half mir noch jemand bei der Arbeit. Dann musste ich sie allein wie vorher machen. Die Unfallfolgen waren noch längst nicht auskuriert.«
[…]

Keiner hat gewusst, dass ich über meine Arbeit schreibe. Jetzt ist der Wirbel umso größer. Ich werde plötzlich von meinem Platz weggerufen. Mein Meister sagt: »Gehen Sie mit dem Herrn.« Der fragt: »Kennen Sie mich nicht?« Ich sehe ihn mir genauer an. »Wie, Sie wissen nicht, wer ich bin?« Ich kenne ihn nicht. Er nennt seinen Namen und sagt. »Ich bin der Leiter in Ihrem Hallenabschnitt.«
Er führt mich durch die riesige Y-Halle bis ans Ende, wir gehen stumm nebeneinander, eine Treppe hinauf, und plötzlich bin ich in einer anderen Welt. Der brandende Arbeitslärm wird von schalldichten Wänden geschluckt. Ein farbiger, freundlicher Raum, ein Konferenzsaal. »Nehmen Sie Platz.«
Mir gegenüber sitzt der »Hallengott«, der Leiter der gesamten Halle, in der 10 000 Arbeiter beschäftigt sind. Der Mittvierziger wurde mehrere Jahre in den USA auf Manager trainiert. An den beiden Seiten des Konferenztisches haben noch einige würdig dreinschauende Herren Platz genommen. Das halbe »Refa-System« ist hier aufgefahren, der »A-Mann« und der »B-Mann«, wie ich später vom »C-Mann« erfahre, der nicht daran teilgenommen hat. Außerdem ist noch der Chef vom »A-Mann« da.
Die Namen all dieser Spitzenleute kennt kein Arbeiter. In meiner lackbespritzten Arbeitsschürze komme ich mir schmutzig und armselig vor gegenüber den blütenweißen Hemden.
»Lassen wir es kurz und schmerzlos über die Bühne gehen«, sagt mein Gegenüber, der »Hallengott«. Die blütenweißen Hemden nicken.
Mein Artikel passt dem Werkleiter nicht. Er findet ihn »zumin-

dest gewaltig übertrieben«. Die Arbeiter am Band waren anderer Ansicht. Sie sagten: »Sei erst mal ein Jahr hier, dann schreibst du noch ganz andere Dinger.« Der Werkleiter begann seinen Monolog mit einem Zugeständnis: »Ich weiß ja, der bestbezahlte deutsche Automobilarbeiter bekommt noch zu wenig im Verhältnis zu seiner Leistung.« Das sagt er »rein als Privatmann«, überhaupt will er sich mit mir »nur ein wenig privat unterhalten«. Sein Ton wird, als er das sagt, schärfer.

»Das Wertvollste, was wir bei Ford haben, ist immer noch der Mensch. Seine Würde achten wir über alles und Sie schreiben solche Artikel«, stellt er fest. »Unser laufendes Modell hat noch nicht mal sein vorgeplantes Soll in den Produktionszahlen erreicht und in Kürze läuft schon das übernächste Modell übers Band.« Ich versuche einzuwerfen, dass man das »Soll« eben zu hoch gesteckt hat. Er unterbricht mich und weiß einen besseren Grund: »Wenn ich sehe, wie alle ihren Arbeitsplatz verlassen, sobald der Getränkewagen vorfährt. Sehr blamabel, muss ich schon sagen!«

Seine »USA-Eindrücke« stellt er als Vorbild dagegen. »Dort steht und fällt die ganze Linie mit jedem einzelnen Mann. Und Krankfeiern gibt's dort auch nicht. Wenn ich daran denke, dass hier von den Krankgemeldeten über ein Drittel durchaus einsatzfähig wäre, raubt mir das nachts den Schlaf.« Und nun wird seine Stimme sehr laut: »Was Sie schreiben, ist diffamierende Lüge. Sie ziehen unser Firmen-Image in den Dreck. Ich werde Sie eigenhändig die Treppe runterschmeißen, als Privatmann, versteht sich.«

Diese Drohung stößt er noch ein paar Mal aus. Ich überlege, ob ich gehen soll. Aber ich bleibe. Eine besondere Überraschung zum Schluss kommt noch. Der Leiter vom Werkschutz erscheint, trägt sehr sachlich etwas über den »Verstoß gegen die Arbeitsordnung« und »Hausfriedensbruch« vor. Vorausgegangen war, dass ich vor der Schicht am Werktor fotografiert hatte. Das verstößt gegen die Arbeitsordnung. Ich gebe den Film freiwillig zurück. Dann kann ich gehen.

Wie ideal alles vom grünen Tisch her aussieht und wie anders die Wirklichkeit ist, wird mir noch klar.

Als der »Hallengott« von Menschenwürde sprach, erwähnte er unter anderem die »Hitzeerleichterung«, die man den Arbeitern gestattet.
Ich berichte ihnen nachher davon. Die lachen mich aus. »Ja, zuletzt vor zwei Jahren haben wir mal davon ›profitiert‹. Das Band stand für 10 Minuten still. Dafür lief es nachher umso schneller. Hauptsache, die Stückzahl der produzierten Wagen stimmt. Solche Hitzepausen sind Mumpitz und reine Theorie«, sagen die Arbeiter.
Vorgesehen sind alle drei Stunden 10 Minuten Pause, wenn das Thermometer morgens 9 Uhr 25 Grad im Schatten zeigt. Das zuständige Thermometer hängt am Haupttor neben dem Direktionsgebäude, wo ständig ein frischer Wind vom Rhein her weht. Da sind 25 Grad auch bei der mörderischsten Hitze morgens nicht drin. Ich habe jetzt während der heißen Tage die Temperatur in unserem Hallenabschnitt gemessen. Wir arbeiten zwischen zwei Lacköfen. Temperatur: 38 Grad um die Mittagsstunden. Hierher dringt kein frischer Wind vom Rhein.

Die unwürdige Greisin

Bertolt Brecht

Meine Großmutter war zweiundsiebzig Jahre alt, als mein Großvater starb. Er hatte eine kleine Litographenanstalt[19] in einem badischen Städtchen und arbeitete darin mit zwei, drei Gehilfen bis zu seinem Tod. Meine Großmutter besorgte ohne Magd den Haushalt, betreute das alte, wacklige Haus und kochte für die Mannsleute und Kinder.

Sie war eine kleine magere Frau mit lebhaften Eidechsenaugen, aber langsamer Sprechweise. Mit recht kärglichen Mitteln hatte sie fünf Kinder großgezogen – von den sieben, die sie geboren hatte. Davon war sie mit den Jahren kleiner geworden.

Von den Kindern gingen die zwei Mädchen nach Amerika, und zwei der Söhne zogen ebenfalls weg. Nur der Jüngste, der eine schwache Gesundheit hatte, blieb im Städtchen. Er wurde Buchdrucker und legte sich eine viel zu große Familie zu.

So war sie allein im Haus, als mein Großvater gestorben war.

Die Kinder schrieben sich Briefe über das Problem, was mit ihr zu geschehen hätte. Einer konnte ihr bei sich ein Heim anbieten, und der Buchdrucker wollte mit den Seinen zu ihr ins Haus ziehen. Aber die Greisin verhielt sich abweisend zu den Vorschlägen und wollte nur von jedem ihrer Kinder, das dazu imstande war, eine kleine geldliche Unterstützung annehmen. Die Lithographenanstalt, längst veraltet, brachte fast nichts beim Verkauf, und es waren auch Schulden da.

Die Kinder schrieben ihr, sie könne doch nicht ganz allein leben, aber als sie darauf überhaupt nicht einging, gaben sie nach und schickten ihr monatlich ein bißchen Geld. Schließlich, dachten sie, war ja der Buchdrucker im Städtchen geblieben.

Der Buchdrucker übernahm es auch, seinen Geschwistern mitunter über die Mutter zu berichten. Seine Briefe an meinen Vater und was dieser bei einem Besuch und nach dem Begräbnis mei-

19 Litographie = Verfahren zur Vervielfältigung von Grafiken mit Hilfe von Kalksteinplatten

ner Großmutter zwei Jahre später erfuhr, geben mir ein Bild von dem, was in diesen zwei Jahren geschah.
Es scheint, daß der Buchdrucker von Anfang an enttäuscht war, daß meine Großmutter sich weigerte, ihn in das ziemlich große und nun leerstehende Haus aufzunehmen. Er wohnte mit vier Kindern in drei Zimmern. Aber die Greisin hielt überhaupt nur eine sehr lose Verbindung mit ihm aufrecht. Sie lud die Kinder jeden Sonntagnachmittag zum Kaffee, das war eigentlich alles.
Sie besuchte ihren Sohn ein- oder zweimal in einem Vierteljahr und half der Schwiegertochter beim Beereneinkochen. Die junge Frau entnahm einigen ihrer Äußerungen, daß es ihr in der kleinen Wohnung des Buchdruckers zu eng war. Dieser konnte sich nicht enthalten, in seinem Bericht darüber ein Ausrufezeichen anzubringen.
Auf eine schriftliche Anfrage meines Vaters, was die alte Frau denn jetzt so mache, antwortete er ziemlich kurz, sie besuche das Kino.
Man muß verstehen, daß das nichts Gewöhnliches war, jedenfalls nicht in den Augen ihrer Kinder. Das Kino war vor dreißig Jahren noch nicht, was es heute ist. Es handelte sich um elende, schlecht gelüftete Lokale, oft in alten Kegelbahnen eingerichtet, mit schreienden Plakaten vor dem Eingang, auf denen Morde und Tragödien der Leidenschaft angezeigt waren. Eigentlich gingen nur Halbwüchsige hin oder, des Dunkels wegen, Liebespaare. Eine einzelne alte Frau mußte dort sicher auffallen.
Und so war noch eine andere Seite dieses Kinobesuches zu bedenken. Der Eintritt war gewiß billig, da aber das Vergnügen ungefähr unter den Schleckereien rangierte, bedeutete es »hinausgeworfenes Geld«. Und Geld hinauszuwerfen war nicht respektabel.
Dazu kam, daß meine Großmutter nicht nur mit ihrem Sohn am Ort keinen regelmäßigen Verkehr pflegte, sondern auch sonst niemanden von ihren Bekannten besuchte oder einlud. Sie ging niemals zu den Kaffeegesellschaften des Städtchens. Dafür besuchte sie häufig die Werkstatt eines Flickschusters in einem

armen und sogar etwas verrufenen Gäßchen, in der, besonders nachmittags, allerlei nicht besonders respektable Existenzen herumsaßen, stellungslose Kellnerinnen und Handwerksburschen. Der Flickschuster war ein Mann in mittleren Jahren, der in der ganzen Welt herumgekommen war, ohne es zu etwas gebracht zu haben. Es hieß auch, daß er trank. Er war jedenfalls kein Verkehr für meine Großmutter.

Der Buchdrucker deutete in einem Brief an, daß er seine Mutter darauf hingewiesen, aber einen recht kühlen Bescheid bekommen habe. »Er hat etwas gesehen«, war ihre Antwort, und das Gespräch war damit zu Ende. Es war nicht leicht, mit meiner Großmutter über Dinge zu reden, die sie nicht bereden wollte.

Etwa ein halbes Jahr nach dem Tod des Großvaters schrieb der Buchdrucker meinem Vater, daß die Mutter jetzt jeden zweiten Tag im Gasthof esse.

Was für eine Nachricht! Großmutter, die zeit ihres Lebens für ein Dutzend Menschen gekocht und immer nur die Reste aufgegessen hatte, aß jetzt in einem Gasthof! Was war in sie gefahren?

Bald darauf führte meinen Vater eine Geschäftsreise in die Nähe, und er besuchte seine Mutter.

Er traf sie im Begriffe, auszugehen. Sie nahm den Hut wieder ab und setzte ihm ein Glas Rotwein mit Zwieback vor. Sie schien ganz ausgeglichener Stimmung zu sein, weder besonders aufgekratzt noch besonders schweigsam. Sie erkundigte sich nach uns, allerdings nicht sehr eingehend, und wollte hauptsächlich wissen, ob es für die Kinder auch Kirschen gäbe. Da war sie ganz wie immer. Die Stube war natürlich peinlich sauber, und sie sah gesund aus.

Das einzige, was auf ihr neues Leben hindeutete, war, daß sie nicht mit meinem Vater auf den Gottesacker gehen wollte, das Grab ihres Mannes zu besuchen. »Du kannst allein hingehen«, sagte sie beiläufig, »es ist das dritte von links in der elften Reihe. Ich muß noch wohin.«

Der Buchdrucker erklärte nachher, daß sie wahrscheinlich zu ihrem Flickschuster mußte. Er klagte sehr.

»Ich sitze hier in diesen Löchern mit den Meinen und habe nur noch fünf Stunden Arbeit und schlecht bezahlte, dazu macht mir mein Asthma wieder zu schaffen, und das Haus in der Hauptstraße steht leer.«
Mein Vater hatte im Gasthof ein Zimmer genommen, aber erwartet, daß er zum Wohnen doch von seiner Mutter eingeladen werden würde, wenigstens pro forma, aber sie sprach nicht davon. Und sogar als das Haus voll gewesen war, hatte sie immer etwas dagegen gehabt, daß er nicht bei ihnen wohnte und dazu das Geld für das Hotel ausgab!
Aber sie schien mit ihrem Familienleben abgeschlossen zu haben und neue Wege zu gehen, jetzt, wo ihr Leben sich neigte. Mein Vater, der eine gute Portion Humor besaß, fand sie ›ganz munter‹ und sagte meinem Onkel, er solle die alte Frau machen lassen, was sie wolle.
Aber was wollte sie?
Das nächste, was berichtet wurde, war, daß sie eine Bregg bestellt hatte und nach einem Ausflugsort gefahren war, an einem gewöhnlichen Donnerstag. Eine Bregg war ein großes, hochrädriges Pferdegefährt mit Plätzen für ganze Familien. Einige wenige Male, wenn wir Enkelkinder zu Besuch gekommen waren, hatte Großvater die Bregg gemietet. Großmutter war immer zu Hause geblieben. Sie hatte es mit einer wegwerfenden Handbewegung abgelehnt, mitzukommen.
Und nach der Bregg kam die Reise nach K., einer größeren Stadt, etwa zwei Eisenbahnstunden entfernt. Dort war ein Pferderennen, und zu dem Pferderennen fuhr meine Großmutter.
Der Buchdrucker war jetzt durch und durch alarmiert. Er wollte einen Arzt hinzugezogen haben. Mein Vater schüttelte den Kopf, als er den Brief las, lehnte aber die Hinzuziehung eines Arztes ab.
Nach K. war meine Großmutter nicht allein gefahren. Sie hatte ein junges Mädchen mitgenommen, eine halb Schwachsinnige, wie der Buchdrucker schrieb, das Küchenmädchen des Gasthofs, in dem die Greisin jeden zweiten Tag speiste.

Dieser ›Krüppel‹ spielte von jetzt ab eine Rolle.
Meine Großmutter schien einen Narren an ihr gefressen zu haben. Sie nahm sie mit ins Kino und zum Flickschuster, der sich übrigens als Sozialdemokrat herausgestellt hatte, und es ging das Gerücht, daß die beiden Frauen bei einem Glas Rotwein in der Küche Karten spielten.
»Sie hat dem Krüppel jetzt einen Hut gekauft mit Rosen drauf«, schrieb der Buchdrucker verzweifelt. »Und unsere Anna hat kein Kommunionskleid!«
Die Briefe meines Onkels wurden ganz hysterisch, handelten nur von der ›unwürdigen Aufführung unserer lieben Mutter‹ und gaben sonst nichts mehr her. Das Weitere habe ich von meinem Vater.
Der Gastwirt hatte ihm mit Augenzwinkern zugeraunt: »Frau B. amüsiert sich ja jetzt, wie man hört.«
In Wirklichkeit lebte meine Großmutter auch diese letzten Jahre keinesfalls üppig. Wenn sie nicht im Gasthof aß, nahm sie meist nur ein wenig Eierspeise zu sich, etwas Kaffee und vor allem ihren geliebten Zwieback. Dafür leistete sie sich einen billigen Rotwein, von dem sie zu allen Mahlzeiten ein kleines Glas trank. Das Haus hielt sie sehr rein, und nicht nur die Schlafstube und die Küche, die sie benutzte. Jedoch nahm sie darauf ohne Wissen ihrer Kinder eine Hypothek auf. Es kam niemals heraus, was sie mit dem Geld machte. Sie scheint es dem Flickschuster gegeben zu haben. Er zog nach ihrem Tod in eine andere Stadt und soll dort ein größeres Geschäft für Maßschuhe eröffnet haben.
Genau betrachtet lebte sie hintereinander zwei Leben. Das eine, erste, als Tochter, als Frau und als Mutter, und das zweite einfach als Frau B., eine alleinstehende Person ohne Verpflichtungen und mit bescheidenen, aber ausreichenden Mitteln. Das erste Leben dauerte etwa sechs Jahrzehnte, das zweite nicht mehr als zwei Jahre.
Mein Vater brachte in Erfahrung, daß sie im letzten halben Jahr sich gewisse Freiheiten gestattete, die normale Leute gar nicht kennen. So konnte sie im Sommer früh um drei Uhr aufstehen

und durch die leeren Straßen des Städtchens spazieren, das sie so für sich ganz allein hatte. Und den Pfarrer, der sie besuchen kam, um der alten Frau in ihrer Vereinsamung Gesellschaft zu leisten, lud sie, wie allgemein behauptet wurde, ins Kino ein!
Sie war keineswegs vereinsamt. Bei dem Flickschuster verkehrten anscheinend lauter lustige Leute, und es wurde viel erzählt. Sie hatte dort immer eine Flasche ihres eigenen Rotweins stehen, und daraus trank sie ihr Gläschen, während die anderen erzählten und über die würdigen Autoritäten der Stadt loszogen. Dieser Rotwein blieb für sie reserviert, jedoch brachte sie mitunter der Gesellschaft stärkere Getränke mit. Sie starb ganz unvermittelt an einem Herbstnachmittag in ihrem Schlafzimmer, aber nicht im Bett, sondern auf dem Holzstuhl am Fenster. Sie hatte den ›Krüppel‹ für den Abend ins Kino geladen, und so war das Mädchen bei ihr, als sie starb. Sie war vierundsiebzig Jahre alt.
Ich habe eine Fotografie von ihr gesehen, die sie auf dem Totenbett zeigt und die für die Kinder angefertigt worden war.
Man sieht ein winziges Gesichtchen mit vielen Falten und einen schmallippigen, aber breiten Mund. Viel Kleines, aber nichts Kleinliches. Sie hatte die langen Jahre der Knechtschaft und die kurzen Jahre der Freiheit ausgekostet und das Brot des Lebens aufgezehrt bis auf den letzten Brosamen.

Materialien

Inhalt

Materialien

I Kurz und bündig

1 Ein Foto

2 Ein Comic

TOUCHÉ by ©TOM
DIDELÜDELIT
DIDELÜDELIT
JAAAAAAAA
MEIN GOTT – DANN GEH' HALT NICHT RAN, WENN DU SCHLECHTE LAUNE HAST!

3 Wann ist eine kurze Geschichte eine Kurzgeschichte?

Geschichten gibt es in jeder beliebigen Länge. Wenn du viele Tage oder gar Wochen brauchst, um sie zu lesen, dann nennt man sie ‚Roman'. Romane können fast 1000 Seiten lang sein wie manche ‚Harry Potter'-Bände oder nur 100 wie etwa ‚Ben liebt Anna' von Peter Härtling. Wenn du dagegen schon nach einer halben Stunde am Ende der Geschichte angekommen bist, dann war es eine kurze Geschichte – aber noch nicht unbedingt eine ‚Kurzgeschichte'.

In kurzen Geschichten treten nur wenige Personen auf und es gibt zumeist nur ein einziges Ereignis, von dem erzählt wird. Auch die Zahl der Schauplätze ist in kurzen Geschichten sehr gering. Doch damit man von solchen kurzen Geschichten von ‚Kurzgeschichten' sprechen kann, muss von den Personen, Schauplätzen und Ereignissen auf eine besondere Weise erzählt werden.

Kurzgeschichten erzählen auf scheinbar einfache, aber kunstvoll verdichtete Weise von vielschichtigen und auch schwierigen Ereignissen. Während eine kurze Geschichte nur für sich steht, in sich abgeschlossen ist und (in der Regel) kein Vorher und kein Nachher hat, erzählt die Kurzgeschichte dagegen nur einen kleinen Ausschnitt aus einer viel längeren Geschichte. Somit erzählt sie eigentlich von viel mehr als nur von dem, was im Text steht. Eine Kurzgeschichte bietet wie bei einer Fotographie eine Momentaufnahme von einer langen Geschichte.

Zu der Momentaufnahme gehört, dass die Sprache einer Kurzgeschichte knapp, nüchtern und präzis ist, nicht aber ausschweifend und bilderreich.

Ohne lange Einleitung packt sie den Leser, will sie ihn herausfordern, emotional ansprechen, zum Mitdenken bringen. Das gelingt ihr auch dadurch, dass die Helden der Kurzgeschichte zumeist ‚Alltagsmenschen' der Gegenwart sind. Auch sind deren Sorgen und Probleme dem Leser zumeist nicht unbekannt.

Schriftstellerinnen und Schriftsteller schreiben Kurzgeschichten aus verschiedenen Gründen. Zumeist sind es äußere Bedingun-

gen, die sie zu dieser literarischen Form greifen lassen: Aufträge von Zeitungen und Zeitschriften, eine nur wenige Spalten oder Seiten umfassende und abgeschlossene Geschichte zu schreiben. Oder das Angebot einer Rundfunkanstalt, einen Text zu schreiben, der in einer halben Stunde komplett vorgelesen werden kann.
Kurzgeschichten werden auch geschrieben, um jenen Lesern entgegenzukommen, die nicht viel Zeit oder Geduld zum Lesen haben und die sonst, weil sie für einen Roman ein halbes Jahr brauchten, vielleicht gar nichts mehr lesen würden.

Klaus-Ulrich Pech

4 Wann fängt eine Kurzgeschichte an, wann hört sie auf?

Außer der Kurzgeschichte gibt es noch weitere Textsorten, in denen in kurzer Form von etwas erzählt wird. Was sie mit der Kurzgeschichte gemeinsam haben und worin sie sich von ihr unterscheiden, ist in den folgenden Darstellungen wiedergegeben.

Anekdote

Dies ist eine sehr kurze, zunächst mündliche Erzählung von einem bemerkenswerten, oft konfliktträchtigen Vorfall, der einer bekannten Person widerfahren ist und die darauf schlagfertig und geistreich regiert hat. Vom ähnlich kurzen und pointierten Witz unterscheidet sie sich durch den Anspruch auf Wahrhaftigkeit und durch die Bekanntheit der Person. Von der Kurzgeschichte unterscheidet sich die Anekdote durch eine nur geringe stilistische Gestaltung (wie es dem zunächst mündlichen Weitererzählen entspricht) und durch das Fehlen eines Autors. Auch ist sie keine selbständige Form, sondern dient in einer Unterhaltung oder in einem längeren Text der Auflockerung und der Veranschaulichung.

Fabel

Die Fabel ist eine kurze, sehr argumentativ angelegte Erzählung, die überzeugen, belehren oder zum Nachdenken anregen möchte. Die Akteure sind zumeist nicht menschlich (Tiere, Pflanzen, Gegenstände), doch stehen ihnen alle menschlichen Fähigkeiten wie Bewusstsein und Sprache zur Verfügung. Das in einer einzigen Szene zusammengefasste Geschehen erhebt den Anspruch, beispielhaft für viele vergleichbare Situationen zu sein. Zumeist geht es der Fabel um bestimmte menschliche Eigenschaften und um moralisch richtiges Verhalten.

Novelle

Von allen kurzen literarischen Texten ist die Novelle der Kurzgeschichte am ähnlichsten. Die beiden voneinander zu unterschei-

den ist oft schwierig und nur für einen Fachwissenschaftler, nicht aber für den Leser von Interesse.
Es gibt zwei Auffassungen, was eine Novelle ist. Die eine sagt, jede Erzählung mittlerer Länge, in der auf besondere Weise von einigen wenigen Menschen erzählt werde, sei eine Novelle. Die andere sagt, nur wenn von etwas Besonderem, nämlich von einer „unerhörten Begebenheit" (wie dies 1827 Goethe nannte) erzählt werde, und wenn diese Erzählung den Konflikt zuspitze und zu einer überraschenden Wendung führe, dürfe man von einer Novelle sprechen.
Für die Klärung, was eine Novelle sei, ist auch die Worterklärung hilfreich: Novelle geht auf das lateinische Wort ‚novus' zurück: das meint ‚neu' und ‚jung'. Die Novelle soll also etwas Neues, Unbekanntes, Überraschendes erzählen.

Parabel

Dies ist eine kurze Erzählung, die Lebenseinsichten und richtige Verhaltensweisen weitergeben will. Sie vermittelt dies in Form eines Gleichnisses, d.h. in Form einer Beispielgeschichte, die auf gleiche beziehungsweise ähnliche Situationen übertragen werden kann. Die Parabel tritt zumeist sehr streng und autoritär auf – dem Leser werden keine Möglichkeiten des eigenen Nachdenkens, Abwägens und Entscheidens gegeben.

Klaus-Ulrich Pech

II Kunst ist Verdichtung

1 Verdichtungen im Alltag, Verdichtungen in der Literatur

„In der Kürze liegt die Würze"
Sprichwort

„Kurz und bündig"
Redensart

„Kürze ist des Witzes Seele"
Aus: William Shakespeare: Hamlet 2.2

„Da gibt es Kurzgeschichten, die lesen sich wie ein Achtzeiler von Goethe, randvoll mit sprachlichen, gedanklichen und gefühlsmäßigen Beziehungen und Verdichtungen. Andere wieder erscheinen so komprimiert, dass sie beim Lesen zerknallen wie Handgranaten."
Aus: Wolfgang Liebeneiner: Wenn eine Geliebte zum ersten Mal ein neues Kleid anzieht . . .
In: Story 4 (1949), Heft 12

2 Vom Schreiben von Kurzgeschichten – ein Interview

Das Interview über die Kurzgeschichte, aus dem im Folgenden ein Ausschnitt wiedergegeben ist, führten der Literaturwissenschaftler Manfred Durzak und der Schriftsteller Wolfdietrich Schnurre am 28.3.1977. Sie blicken darin auf die 1950er und 1960er Jahre zurück, die ihrer Ansicht nach die Blütejahre der deutschen Kurzgeschichte gewesen seien. Selbstverständlich würden, so stellen die beiden fest, weiterhin kurze Erzählungen geschrieben – doch ob diese im strengen Sinne auch Kurzgeschichten seien?

Wolfdietrich Schnurre: Ich glaube, dass die Form der Kurzgeschichte, wie ich sie als Kurzgeschichte interpretieren würde – vom Formalen her –, dass die wirklich erledigt ist. Was die deutschen Autoren, die Sie nannten, auch Böll oder Wohmann, auch Schnurre heute zuletzt geschrieben haben und schreiben, sind Erzählformen. Siegfried Lenz hat keine einzige – ich kenne den Band „Einstein überquert die Elbe bei Hamburg" – neue Kurzgeschichte geschrieben. Da ist für mich keine einzige Kurzgeschichte in dem Sinn drin, wie ich sie versuchen würde zu definieren, indem ich mich anlehne, sagen wir mal, an die bei Rowohlt herausgekommenen „49 Stories" von Hemingway als Beispiel. Wenn wir die Kriterien, die dort angelegt werden müssten, heute anzulegen versuchen, dann ist in der Tat, glaube ich, die Story, die Kurzgeschichte passé. Etwas anderes ist es, wenn Sie jetzt die Kriterien weiter ausdehnen. Ich würde diese Story, wie ich sie verstehe, die gesellschaftskritische Story, wie ich sie damals habe absinken sehen, als es in Deutschland wieder bergauf ging, wirklich als erledigt ansehen. Aus dieser Story hat sich logischerweise eine vielgestaltigere Erzählform weiterentwickelt. Ich bin nie weitergekommen, als die Novelle – die lässt sich leicht definieren – unterscheiden zu können von Erzählung und Geschichte. Erzählung ist für mich straffer, literarischer, die Geschichte, die ist ein bisschen lockerer, die muss nicht so straff sein. Aber die Kurzgeschichte ist nicht nur eine Geschichte, die kurz ist, sondern diese Kurzgeschichte hat außerdem noch eine ganze Menge, mindestens ein Dutzend, scharf einzugrenzender Kriterien. Und davon sehe ich bei den heute schreibenden Geschichtenautoren, Erzähl- oder Erzählungsautoren, mich inbegriffen, eigentlich nirgendwo mehr etwas, was sich da noch annähernd in diesen Kasten hineinbringen ließe.

Manfred Durzak: Was mich etwas verwirrt, ist die Tatsache, dass in Amerika in den letzten beiden Jahrzehnten eine Fülle von kurzgeschichtlichen Texte vorgelegt worden ist und noch immer vorgelegt wird. Und diese Texte lassen sich unter bestimmten theoretischen Aspekten als kurzgeschichtliche Erzählformen beschreiben. Diese Fülle von kurzgeschichtlichen Zeugnissen reicht sicherlich nicht aus, um die Vitalität der Gattung Short Story in Amerika unter Beweis zu stellen. Hinzu kommt auch das große Angebot an Publikationsmöglichkeiten für den Autor. Aber am Faktum der künstlerischen Vitalität dieser Gattung lässt sich nicht deuteln. Wenn wir diese Situation jetzt als Kontrast nehmen und mit der Situation in Deutschland vergleichen, dann deuten doch die Erklärungsversuche – und ich würde die von mir skizzierten mit dazu rechnen – auf ein Zurücktreten der Kurzgeschichte in der augenblicklichen literarischen Situation hin. Die Erklärungsversuche dafür, die man auch immer bemüht, werden doch eigentlich von den Sachverhalten in den USA her widerlegt. Und wenn das richtig ist, dann müsste es doch in Deutschland Möglichkeiten geben, diese Gattung zu revitalisieren. Was müsste – hypothetisch gefragt – geschehen? Liegt es – wie Sie noch in „Kritik und Waffe“ glaubten – in erster Linie am Autor? Müsste noch etwas anderes geschehen, um eine Wiederbelebung zu ermöglichen? Die momentane Situation der Kurzgeschichte in Deutschland hat sicherlich auch mit dem Schwund von Kommunikationsmöglichkeiten zu tun. Und ich meine jetzt nicht nur literarische Zeitschriften oder Tageszeitungen, die kaum mehr Kurzgeschichten drucken. Ich denke auch an Kommunikationsmöglichkeiten in der Art der

Gruppe 47, die ja seit einigen Jahren nicht mehr existiert. Ich glaube, es ist ja nicht ein purer zeitgeschichtlicher Zufall, dass der erste literarische Text, der auf einer Gruppentagung vorgetragen wurde, eine Kurzgeschichte von Ihnen war. Hat also auch die erneute Aufsplitterung des literarischen Lebens in der Bundesrepublik mit dem Zustand der Kurzgeschichte zu tun?

Wolfdietrich Schnurre: Ich glaube ganz bestimmt, dass das mit ein Grund ist. Wenn man politische Ziele verfolgt und versucht, sie in die Literatur einzubringen – was an sich schon ein wahnsinniges Wagnis ist, denn das Literarische muss ja heil bleiben, geht aber oft dabei kaputt, wir kennen viele Beispiele dafür –, dann ist die Kurzgeschichte aus den dargelegten Gründen in der Tat hervorragend geeignet dafür. Wenn man aber die Politik als eine Möglichkeit, als eine Eigenschaft, als eine feststehende Tatsache unter vielen anderen nimmt und sich jetzt bemüht, den Menschen literarisch einzubeziehen in das, was man schreibt – und ich schreibe mit Vorliebe kurz, ich habe eigentlich noch keinen Roman geschrieben, ich bin Erzähler in erster Linie –, dann ist es so, dass die Kurzgeschichte eben deshalb, weil sich die soziale und politische Lage so grundsätzlich, wohin auch immer, so vielschichtig verändert hat, das nicht mehr fasst. Ich muss mehr Erfahrungen einbringen. Das würde den – für mein Empfinden – sehr schmal gesteckten Rahmen der Kurzgeschichte absolut sprengen. Ich muss von vornherein eine Erzählung schreiben können, wo ich alles assoziativ unterbringen kann, was mir im Augenblick – ob gewollt, ob vornotiert oder beigeflogen, ob assoziativ, ich weiß nicht – in den Sinn kommt. Ist diese Form jetzt eine Kurzgeschichte, dann bin ich von vornherein aufgeschmissen, weil ich weiß, wie sie gebaut wird, weiß: entweder ist sie zu porös oder sie ist – ich hätte beinahe gesagt – zu schmalbrüstig. Und mir geht es einfach um mehr, als in eine Kurzgeschichte hineingeht. Um nochmals auf Ihre Frage zu kommen, das scheint mir – scheint, ich bin nicht sicher – damit zu tun zu haben, dass sich eben die Dinge, die äußeren Umstände unseres Lebens in Deutschland, so verändert haben, dass sie einfach viel vielschichtiger geworden sind, schwieriger in den Griff zu bekommen sind und daher in der Story in diesem Sinne keinen Platz mehr haben. Es kommt natürlich ein Zweites hinzu – das ist ganz allgemein, aber ich glaube, es hat auch noch mit Ihrer Frage zu tun: – Es war immer so, dass der Verleger, wenn man in Deutschland mit einem Manuskript kam, das Kurzgeschichten, Erzählungen zum Inhalt hatte, sagte: Ja, gut, mach ich, aber dann bitte den Roman! Mit andern Worten: dieses grundsätzliche Abwerten durch die, die für die Verbreitung der Literatur zuständig sind – Zeitungen und Zeitschriften beiseite jetzt –, das ist natürlich auch ein ungeheurer Mitzerstörer, wenn Sie so wollen – ich mein das jetzt nicht böse, sondern ganz sachlich –, dass eben die Story in dem Sinne nicht mehr geschrieben wird. Wir haben den Funk noch, da gibt es literarische Abteilungen, die einfach aus Zeitgründen der Erzählung, der Story durchaus Raum gönnen, aber das genügt natürlich nicht, um eine so wichtige Form weiterhin am Leben zu erhalten. Ich glaube auch nicht, dass sie zu erwecken sein wird, weil ich, was die Story angeht, die Kurzgeschichte, doch bei meinen damals festgesetzten Erkenntnissen bleibe, die sich allerdings nicht mehr mit meiner heutigen Erzählform decken.

Aus: Manfred Durzak: Die deutsche Kurzgeschichte der Gegenwart. Autorenporträts, Werkstattgespräche, Interpretationen. Verlag Königshausen & Neumann, Würzburg 2002, S. 52–54.

III Kunst kann überall ‚kurz' sein

1 Kurze Gedichte

Heinz Piontek (1925–2003)
Schlittenromanze

Auf schnelleren Schlitten
werden sie dich einholen,

für einen Wolf dich halten
in deinem Schafpelz

und mit dem Daumen dir
eine neue Richtung empfehlen:

Mit lärmenden Schellen
wirst du in die Verbannung reisen.

Ernst Jandl (1925–2000)
Sommerlied

Wir sind die menschen auf den wiesen
bald sind wir menschen unter den wiesen
und werden wiesen, und werden wald
das wird ein heiterer landaufenthalt
(1954)

Eva Zeller (1923)*

Das Kind in dem ich stak

Das Kind in dem ich stak
es reicht mir bis zur Hüfte
nimmt überhand wächst mir
ans Herz und übern Kopf
füllt ganz und gar den
Horizont großäugig
angestrahlt von warmen Kerzen
beugt es die größere Ikone
sich über mich spiegelt
mir Bläue himmlische ins
Aug zurück ich möchte mich
auf Zehenspitzen stellen
und wäre doch zu klein
um es zu küssen

Jürgen Becker (1932)*

Das Fenster am Ende des Korridors

Der Himmel, die Landschaft, der Fluss:
das Bild am Ende des Korridors.
Links und rechts die Appartements;
die Feuerlösch-Anlage. Das Summen des Aufzugs.
Die Zeit nach Büroschluss. Abweisende Gesichter,
kein Wort und keine Zärtlichkeit.
Jemand wird den Anfang machen
und an seiner Tür vorbeigehen
und weitergehen durch das Bild
hinaus in den Raum zum Fliegen.

Aus: 1000 Gedichte und ihre Interpretationen.
Hrsg. von Marcel Reich-Ranicki.
Insel Verlag, Frankfurt a. M.; Leipzig 1994.

2 Eine Kürzestgeschichte

Das Unglück

Wen das Unglück aufsucht, der mag sich aus einer Ecke in die andere verkriechen oder ins weite Feld fliehen, es weiß ihn dennoch zu finden. Es war einmal ein Mann so arm geworden, dass er kein Scheit Holz mehr hatte, um das Feuer auf seinem Herde zu erhalten. Da ging er hinaus in den Wald und wollte einen Baum fällen, aber sie waren alle zu groß und stark; er ging immer tiefer hinein, bis er einen fand, den er zu bezwingen dachte. Als er eben die Axt aufgehoben hatte, sah er aus dem Dickicht eine Schar Wölfe hervorbrechen und mit Geheul auf ihn eindringen. Er warf die Axt hin, floh und erreichte eine Brücke. Das tiefe Wasser aber hatte die Brücke unterwühlt, und in dem Augenblick, wo er darauftreten wollte, krachte sie und fiel zusammen. Was sollte er tun? Blieb er stehen und erwartete die Wölfe, so zerrissen sie ihn. Er wagte in der Not einen Sprung in das Wasser, aber da er nicht schwimmen konnte, sank er hinab. Ein paar Fischer, die an dem jenseitigen Ufer saßen, sahen den Mann ins Wasser stürzen, schwammen herbei und brachten ihn ans Land. Sie lehnten ihn an eine alte Mauer, damit er sich in der Sonne erwärmen und wieder zu Kräften kommen sollte. Als er aber aus der Ohnmacht erwachte, den Fischern danken und ihnen sein Schicksal erzählen wollte, fiel das Gemäuer über ihm zusammen und erschlug ihn.

Aus: Kinder- und Hausmärchen der Brüder Grimm. Band 2.
Hrsg. von Heinz Rölleke.
Reclam Verlag, Stuttgart 1980, S. 517.

3 Kurze Theaterstücke

*Heiner Müller (*1929)*
Herzstück

EINS Darf ich Ihnen mein Herz zu Füßen legen.
ZWEI Wenn Sie mir meinen Fußboden nicht schmutzig machen.
EINS Mein Herz ist rein.
ZWEI Das werden wir ja sehen.
EINS Ich kriege es nicht heraus.
ZWEI Wollen Sie, daß ich Ihnen helfe.
EINS Wenn es Ihnen nichts ausmacht.
ZWEI Es ist mir ein Vergnügen. Ich kriege es auch nicht heraus.
EINS *heult.*
ZWEI Ich werde es Ihnen herausoperieren. Wozu habe ich ein Taschenmesser. Das werden wir gleich haben. Arbeiten und nicht verzweifeln. So, das hätten wir. Aber das ist ja ein Ziegelstein. Ihr Herz ist ein Ziegelstein.
EINS Aber es schlägt nur für Sie.

Aus: Mini Dramen. Hrsg. von Karlheinz Braun.
Verlag der Autoren, Frankfurt a. M. 1987, S. 144.

*Fitzgerald Kusz (*1944)*
Stehcafé

A Was macht die Kunst?
B Immer's Gleiche. Alles Scheiße.
A Ich hab dich schon lang nicht mehr gesehn.
B Ich dich auch nicht.
A Was treibste denn so?
B Frag mich nich! – Und du? Was machstn du?
A Immer's Gleiche.

Aus: Fitzgerald Kusz: Stücke aus dem halben Leben.
Verlag der Autoren, Frankfurt a. M. 2002, S. 9.

4 Ein kurzes Märchen

Wie Kinder Schlachtens miteinander gespielt haben

Einstmals hat ein Hausvater ein Schwein geschlachtet, das haben seine Kinder gesehen; als sie nun Nachmittag miteinander spielen wollen, hat das eine Kind zum andern gesagt: „Du sollst das Schweinchen und ich der Metzger sein"; hat darauf ein bloß Messer genommen und es seinem Brüderchen in den Hals gestoßen. Die Mutter, welche oben in der Stube saß und ihr jüngstes Kindlein in einem Zuber badete, hörte das Schreien ihres anderen Kindes, lief alsbald hinunter, und als sie sah, was vorgegangen, zog sie das Messer dem Kind aus dem Hals und stieß es im Zorn dem andern Kind, welches der Metzger gewesen, ins Herz. Darauf lief sie alsbald nach der Stube und wollte sehen, was ihr Kind in dem Badezuber mache, aber es war unterdessen in dem Bad ertrunken; deswegen dann die Frau so voller Angst ward, dass sie in Verzweiflung geriet, sich von ihrem Gesinde nicht wollte trösten lassen, sondern sich selbst erhängte. Der Mann kam vom Felde, und als er dies alles gesehen, hat er sich so betrübt, dass er kurz darauf gestorben ist.

Aus: Kinder- und Hausmärchen der Brüder Grimm.
Hrsg. von Heinz Rölleke.
Reclam Verlag, Stuttgart 1980, S. 452.

5 Ein ‚kurzes' Bild

Prinzipien der Kurzgeschichte finden wir auch in der bildenden Kunst: die Verdichtung des Geschehens, die Konzentration auf das Wesentliche und die Kunst, mit wenigen Sätzen – mit wenigen Strichen – genau das, worauf es dem Künstler ankam, mitzuteilen. In der folgenden Bilderreihe führt Pablo Picasso vor, wie er von der ausführlichen Wiedergabe der Wirklichkeit weiterschreitet bis zu dem konzentrierten Bild des Tieres. Das fertige Kunstwerk ist abstrakt, aber es gibt auf knappste Weise alles Wichtige wieder, gereinigt von allem unnötigen, nebensächlichen Teilen – so wie dies auch die Kurzgeschichte versucht.

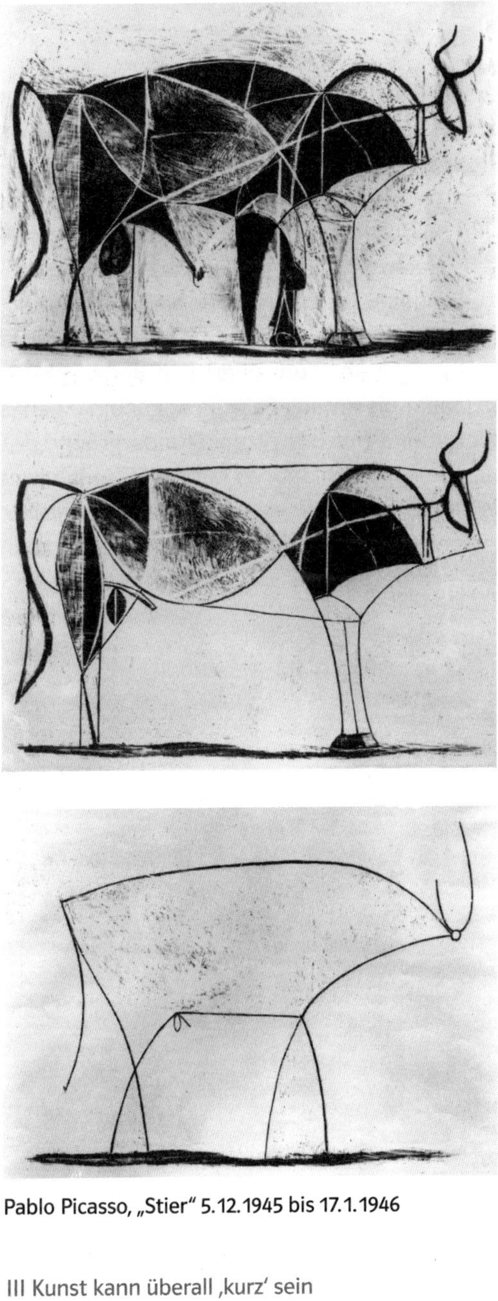

Pablo Picasso, „Stier" 5.12.1945 bis 17.1.1946

6 Kurzer Film

Kurze Filme (zwischen 5 und 15 Min. lang) werden manchmal als Vorfilm im Kino gezeigt. Regelmäßig zu sehen sind sie im Fernsehen: unter anderem auf Arte in der Reihe „kurzschluss" freitags um 15 Uhr und mittwochs um 1 Uhr nachts (Programm unter www.arte.de) und auf 3*sat* dienstags um 21.45 (Programm unter www.3sat.de). In sehr vielen Städten gibt es Kurzfilmfestivals – u.a. in Saarbrücken, Landshut, Halle/Saale, Berlin, Köln und Solothurn. In mehreren deutschen Großstädten laufen (besonders kurze) Kurzfilme auch im U-Bahn-Fernsehen – in Berlin gibt es jedes Jahr von Ende Januar bis Anfang Februar sogar ein eigenes Festival: Going Underground (Info: www.goingunderground.de). In nicht mehr übersehbarer Anzahl gibt es Kurzfilme im Internet zu sehen (hilfreiche Linkliste unter www.kurzfilm.de). Die größte Anzahl extrem unterschiedlicher Kurzfilme, entstanden zwischen 1895 und jetzt, findet sich bei *youtube*.

Klaus-Ulrich Pech

IV Die Zukunft der Kurzgeschichte

Kurzgeschichten werden zumeist von jungen Autoren geschrieben – dies haben ja unter anderem Durzak und Schnurre festgestellt. Denn die Kurzgeschichte besitzt den Vorteil, dass sie schnell geschrieben werden kann (schneller jedenfalls als ein Roman), dass sie aktuelle Themen aufgreifen kann, die witzig und pointiert dargestellt werden können, und dass man mit ihr verschiedene Schreibweisen ausprobieren (oder üben) kann. Wie die Novelle will die Kurzgeschichte ‚novus' sein, also neu und jung und überraschend.

Die Kurzgeschichte gehört nicht den alten, seit Jahrzehnten bekannten, den etablierten Autoren, sondern den jungen, noch unbekannten, den experimentierlustigen Autorinnen und Autoren. Diese zukünftigen Autorinnen und Autoren zu finden und zu fördern hat sich unter anderem das „Treffen junger Autoren" vorgenommen. Dabei entstehen Jahr für Jahr viele bemerkenswerte Erzählungen, von denen wir im Folgenden einige wiedergeben – gedacht auch als Anregung, selbst einmal eine Kurzgeschichte zu schreiben, damit vielleicht einmal einen Wettbewerb zu gewinnen … und vielleicht später eine berühmte Autorin, ein berühmter Autor zu werden.

Sebastian Meineck (14)

Zahlen

Sechs. Eins. Drei. Vier. Fünfundzwanzig. Fünfzig.

Der Tag war trist. Thomas stieg aus dem Zug. Es war laut. Es dröhnte in seinen Ohren. Er ging die schmutzigen Treppenstufen hinab. In den kleinen Tunnel, der unter den Gleisen hindurch in die Stadt führte. Er hatte Angst. Doch es war nur Montag. Montag war gut.

Sechs. Eins. Drei. Vier. Fünfundzwanzig. Fünfzig.

Die Wände der Unterführung waren früher mal grau gewesen. Wie der Himmel. Doch nun waren sie bunt. Beschmiert. Die wirren Bilder schwirrten durch seinen Kopf. Grell und laut. Hallende Schritte. Thomas ging an den Schließfächern vorbei. Schäbig. Beschmiert. Mit abblätternden Ziffern. Aufgebrochene Türen. Er hatte Angst. Doch Montag war gut.

Sechs. Eins. Drei. Vier. Fünfundzwanzig. Fünfzig.

Thomas ging nach Hause. Die Häuser waren hoch. Ragten in den kalten Himmel. Und wieder Graffiti. Die Fassaden schienen immer enger zusammenzurücken. Er hatte Angst. Die Autos rollten an ihm vorbei. Wiederkehrendes Dröhnen.

Sechs. Eins. Drei. Vier. Fünfundzwanzig. Fünfzig.

Es war keiner zu Hause. Nur der Fernseher lief. Schnelle Bilder. Blitze. Sie taten weh. Grell. Mit bebenden Händen durchsuchte Thomas seine Taschen. Es würde nicht reichen. Er musste sich mehr besorgen. Und dazu musste er raus. Zwischen die Häuserfassaden. Er hatte Angst.

Sechs. Eins. Drei. Vier. Fünfundzwanzig. Fünfzig.

Mittwoch. Es wollte nicht hell werden. Tiefe Wolken. Thomas stieg aus dem Zug. Mittwoch war schlecht. Er hatte Angst. Es dröhnte ohrenbetäubend. Zitternd stieg er die grauen Treppenstufen hinunter. Zur Unterführung. Angst.

Sechs. Eins. Drei. Vier. Fünfundzwanzig. Fünfzig.

Graffiti. Wirre Bilder. Und dann sah er sie. Grüne Bomberjacken. Kahl. Und dieser Blick. Zittern. Es war so laut. Donner. Blitze.

Sechs. Eins. Drei. Vier. Fünfundzwanzig. Fünfzig.

Er blieb vor ihnen stehen. Sie waren zu sechst.
Er hatte Angst. Er war ganz alleine.
Hier trafen sie sich immer. Zwischen Bahnsteig drei und vier.
Jeden Mittwoch. Vor dem Schließfach Fünfundzwanzig.
Der eine versteckte ein Messer hinter der Jacke. Butterfly.
Hast du den Fünfziger?

Laura Naumann (17)

In die Tonne getreten

Bei uns hinter der Schule steht eine Tonne.
Die sieht genauso aus wie die, die früher hinterm Kindergarten stand.
Keine gelbe, braune, blaue oder schwarze, nee, eine ganz unauffällig graue. Und dreckig!
Mir fällt auf, ... hinter jeder Schule und jedem Kindergarten steht so ein Tonne!
Da kommen die blöden Kinder rein.
Aus meiner Klasse sind Max drin, Elisabeth, Benjamin und Heiko.
Heiko allein schon wegen des Namens.
Max ist immer aufgefallen durch Schleimerei. Er hat unserer Mathelehrerin beim Tragen geholfen und den jüngeren Mädchen die Tür aufgehalten.
Elisabeth hatte eine blöde Mutter, die sie jeden Tag zur Schule brachte und abholte. Benjamin war fett.

Keine Ahnung, was deren Eltern dazu sagen ... aber viel kann es nicht sein, sonst hätte sich längst jemand beschwert.
Wenn mich im Bus oder so jemand fragt, was mit der Tonne ist, sag ich jedenfalls immer „Nee, keine Ahnung“.
Ist ja auch nicht gelogen.

Was damit ist, warum gerade diese Tonne und nicht der Teich in der Nähe vom Wald, wie es da drin aussieht oder was die da drin machen, weiß ich echt nicht.

Ich weiß nur, dass wir Max, Elisabeth, Benjamin und Heiko dort abgeladen haben.

Naja, was heißt wir … Ich stand ja eigentlich nur dabei. Aber nächstes Mal will ich richtig mit anpacken, das habe ich mir fest vorgenommen!

Dana wird es sein, das steht schon fest.

Die hat Warzen an den Händen.

Ich hoffe, dass sie noch reinpasst, denn die Tonne ist inzwischen fast voll. Das liegt an den anderen Klassen … manche haben echt schon sechs Leute drin!

Ich frage mich, was passiert, wenn die Tonne überläuft.

Ob dann die Müllabfuhr kommt?

Aus: Ganz nah gegenüber. Treffen junger Autoren 2006.
Hrsg. von Peter Grosz und Barbara T. Pohle.
Edition Lit Europe, Berlin 2007, S. 20 ff.

V Zu den Autorinnen und Autoren

Ilse Aichinger wurde 1921 in Wien geboren und wuchs als Tochter einer jüdischen Ärztin in Linz und Wien auf. Ab 1938 war sie der Verfolgung durch die Nationalsozialisten ausgesetzt. Nach Kriegsende begann Ilse Aichinger ein Studium der Medizin, das sie jedoch nach fünf Semestern abbrach, um schriftstellerisch tätig zu werden. 1948 erschien ihr Debütroman *Die größere Hoffnung*. Seit 1951 nahm sie an den Treffen der „Gruppe 47" teil. Bekannt wurde sie als Hörspielautorin sowie durch ihre Erzählungen, Gedichte und Essays. Ilse Aichinger erhielt zahlreiche Literaturpreise.

Hans Bender wurde 1919 in Mühlhausen im Kraichgau geboren. 1939 begann er in Erlangen Literaturwissenschaften und Kunstgeschichte zu studieren. 1940 wurde er Soldat und geriet am Ende des Krieges in russische Kriegsgefangenschaft. Nach seiner Rückkehr aus Russland 1949 setzte Hans Bender sein Studium in Heidelberg fort. Von 1960 bis 1965 arbeitete er zunächst als Journalist bei verschiedenen Zeitungen und dann als Lektor. Hans Bender wurde durch seine Kurzgeschichten über Krieg und Gefangenschaft bekannt. Er erhielt zahlreiche literarische Preise, u. a. den Kurzgeschichtenpreis der „Süddeutschen Zeitung".

Heinrich Böll wurde 1917 in Köln geboren. Nach dem Abitur begann er 1937 eine Buchhändlerlehre, die er ein Jahr später abbrach. 1939 immatrikulierte sich Böll für Germanistik und Altphilologie an der Universität Köln, im Herbst des Jahres wurde er jedoch zur Wehrmacht eingezogen. Nach kurzer Kriegsgefangenschaft arbeitete er als Hilfsschreiner, später als Aushilfsangestellter. In dieser Zeit schrieb Heinrich Böll Romane und Kurzgeschichten und publizierte in Zeitschriften. In den achtziger Jahren engagierte er sich in der Friedens- und Umweltbewegung. Neben seinem erzählerischen Werk veröffentlichte er Gedichte, Essays und zahlreiche Hörspiele und übersetzte aus dem Englischen. Er wurde mit zahlreichen Auszeichnungen geehrt, so u.a. 1967 mit dem Georg-Büchner-Preis und 1972 mit dem Literatur-Nobelpreis. Heinrich Böll starb 1985 in Hürtgenwald in der Eifel.

Wolfgang Borchert wurde 1921 in Hamburg geboren. Zunächst als Buchhändler, dann als Schauspieler tätig, kam der 20-jährige Borchert 1941 an die Ostfront. 1945 kehrte er bereits schwerkrank nach Hamburg zurück. Seit 1946 entstanden innerhalb weniger Monate seine Erzählungen, die Eingang in zahlreiche Anthologien und Schulbücher fanden. Die Geschichten schildern die Situation der unmittelbaren Nachkriegszeit und den Zustand der Menschen zwischen Hoffnung und Verzweiflung, Freundschaft und Einsamkeit. Wolfgang Borchert starb 1947 mit 26 Jahren in Basel einige Tage vor der Uraufführung seines kurz zuvor als Hörspiel gesendeten Dramas *Draußen vor der Tür*.

Bertolt Brecht wurde 1898 in Augsburg geboren. Er studierte 1917–1921 in München Medizin und Literatur. Er begann seine literarische Laufbahn mit Theaterkritiken, Dramen und Gedichten. Brecht komponierte und trug seine Lieder selbst vor; er arbeitete in der Weimarer Republik mit berühmten Komponisten wie Kurt Weill, Paul Hindemith und Hanns Eisler zusammen. 1933 emigrierte Bertolt Brecht mit seiner Familie über Prag und die Schweiz nach Dänemark, 1940 nach Finnland, 1941 über Moskau in die USA. Vom Theater zunächst abgeschnitten arbeitete er als Romancier, Lyriker, Essayist und philosophisch-wissenschaftlicher Erzähler. 1947 verließ Bertolt Brecht die USA. Über die Schweiz und Prag kehrte er nach Ost-Berlin zurück. 1949 gründete er mit Helene Weigel das „Berliner Ensemble“. 1956 starb Bertolt Brecht in Ost-Berlin.

Herbert Eisenreich wurde 1925 in Linz geboren. Er war Autor von Erzählungen, Kurzgeschichten, Gedichten, Essays, Sachbüchern und Hörspielen. Von 1952 bis 1956 war er Rundfunkmitarbeiter in Hamburg. Er erhielt 1985 den Kafka-Preis. Herbert Eisenreich starb 1986 in Wien.

Marie Luise Kaschnitz wurde 1901 in Karlsruhe als Tochter einer adeligen Offiziersfamilie geboren und wuchs in Berlin und Potsdam auf. Nach einer Buchhandelslehre in Weimar arbeitete sie bei einem Verlag in München und in einem Antiquariat in Rom. Marie Luise Kaschnitz, in deren Werk das Bekenntnis zur Menschenliebe im Mittelpunkt steht, wurde durch zahlreiche Lyrikbände, Kurzprosa, Hörspiele, Essays und autobiographische Texte zu einer der bekanntesten Schriftstellerinnen der Nachkriegszeit. Sie erhielt zahlreiche Auszeichnungen, u. a. 1955 den Georg-Büchner-Preis. Marie Luise Kaschnitz starb 1974 in Rom.

Kurt Kusenberg wurde 1904 als Sohn eines deutschen Ingenieuers in Göteburg/Schweden geboren. Er verbrachte seine Jugend in Lissabon und studierte in München Kunstgeschichte. 1930 arbeitet er als Kunstkritiker, ab 1947 war er freier Lektor und Schriftsteller in München und Hamburg. Kurt Kusenbergs Vorliebe für das Groteske kommt besonders in seinen skurrilen Kurzgeschichten zum Ausdruck, in denen er Traum und Wirklichkeit, Reales und Phantastisches in humorvoll-ironischer Weise vermischt. Darüber hinaus trat er auch als stilsicherer Essayist und Übersetzer hervor und verfasste Hörspiele. Seit 1958 war er der Herausgeber der bekannten „rowohlts monographien". Kurt Kusenberg starb 1983 in Hamburg.

Siegfried Lenz wurde in Lyck in Ostpreußen geboren und wuchs in den Masuren auf. 1939 wurde er in die HJ aufgenommen und legte 1943 das Notabitur ab. Als Soldat gehörte er der Marine an, desertierte in Dänemark und kam in englische Kriegsgefangenschaft. 1945 nach Hamburg entlassen, begann er hier ein Studium der Philosophie, Anglistik und Literaturwissenschaft und wurde zugleich journalistisch tätig. Seit 1951 lebt er als freier Schriftsteller in Hamburg. Siegfried Lenz erhielt für sein

Werk zahlreiche Auszeichnungen, u.a. 1988 den Friedenspreis des Deutschen Buchhandels und 2002 die Johann-Wolfgang-von-Goethe-Medaille in Gold.

Herbert Malecha
Mit der Kurzgeschichte „Die Probe" gewann Herbert Malecha 1956 ein Preisausschreiben der Wochenzeitung „Die Zeit".
Die Lebensdaten und weitere Werke Herbert Malechas ließen sich nicht ermitteln.

Günter Wallraff wurde 1942 in Burscheid bei Köln geboren. Nach dem Abitur machte Wallraff eine Buchhändlerlehre, leistete als Kriegsdienstverweigerer zehn Monate Wehrdienst ohne Waffe und arbeitete anschließend in verschiedenen Unternehmen. Die hier gewonnenen Erfahrungen verarbeitete er in dem Reportageband *Wir brauchen dich. Als Arbeiter in deutschen Industriebetrieben*. In den 1969 erschienenen *13 unerwünschten Reportagen* schilderte Günter Wallraff seine Beobachtungen in der Rolle als Alkoholiker, als Obdachloser und als Chemiefabrikant. 1985 erschien die Rollenreportage *Ganz unten*, hier beschreibt der Autor seine Erlebnisse als türkischer Arbeiter Ali in Deutschland. Günter Wallraff erhielt zahlreiche deutsche und internationale Literatur- und Medienpreise.

Günther Weisenborn wurde 1902 im rheinischen Velbert geboren. Er studierte Philosophie, Germanistik und Medizin und war dann als Dramaturg tätig. Anschließend ging Günter Weisenborn nach Argentinien, wo er als Postreiter und Farmer lebte. Wieder in Deutschland, wurden seine Bücher 1933 verboten und verbrannt. Daraufhin wanderte er von 1933–1937 wieder aus und schlug sich in New York als Lokalreporter durch. 1942 zurück in Deutschland, wurde er dort von der Gestapo verhaftet. Nach seiner Befreiung 1945 arbeitete er als Chefdramaturg am Hebbel-Theater in Berlin. Günther Weisenborn verfasste Romane, Drehbücher, Theaterstücke und Reiseberichte. Er starb 1969 in Berlin.

Textquellenverzeichnis

S. 7: Herbert Malecha: Die Probe. Aus: Paul Hühnerfeld (Hrsg.): Die Probe. Verlag Marion von Schröder. Hamburg 1955, S. 21–27.

S. 11: Günther Weisenborn: Zwei Männer. Aus: Wolfgang Weyrauch (Hrsg.): 1000 Gramm. Sammlung neuer deutscher Geschichten. Rowohlt Verlag. Reinbek bei Hamburg 1949, S. 21–25.

S. 15: Wolfgang Borchert: Nachts schlafen die Ratten doch. Aus: Wolfgang Borchert: Das Gesamtwerk. Reinbek bei Hamburg 1949, S. 216–219.

S. 21: Hans Bender: Iljas Tauben. Aus: Hans Bender: Wölfe und Tauben. Carl Hanser Verlag. München 1957, S. 59–68.

S. 28: Herbert Eisenreich: Der Weg hinaus. Aus: Herbert Eisenreich: Die Freunde meiner Frau. Diogenes Verlag. Zürich 1966, S. 251–266.

S. 36: Ilse Aichinger: Die geöffnete Order. Aus: Ilse Aichinger: Der Gefesselte. Erzählungen. Fischer Verlag. Frankfurt a. M. 1963, S. 18–24.

S. 43: Siegfried Lenz: Ein Freund der Regierung. Aus: Siegfried Lenz: Das Feuerschiff. Zehn Erzählungen. Verlag Hoffmann und Campe. Hamburg 1960, S. 155–163.

S. 50: Günther Weisenborn: Ein gleichgültiger Mittwoch. Aus: Hans Dollinger (Hrsg.): Außerdem. Deutsche Literatur minus Gruppe 47 = wieviel? Scherz Verlag. München, Bern, Wien 1967, S. 94 f.

S. 55: Wolfgang Borchert: Die drei dunklen Könige; Die Küchenuhr; An diesem Dienstag. Aus: Wolfgang Borchert: Das Gesamtwerk. Reinbek bei Hamburg 1949.

S. 67: Marie-Luise Kaschnitz: Popp und Mingel. Aus: Marie-Luise Kaschnitz: Lange Schatten. Erzählungen. Claassen Verlag. Hamburg 1960, S. 105–144.

S. 74: Kurt Kusenberg: Ein verächtlicher Blick. Aus: Kurt Kusenberg: Gesammelte Erzählungen. Rowohlt Verlag. Reinbek bei Hamburg 1969, S. 453–457.

S. 79: Günther Weisenborn: Die Aussage. Aus: Günther Weisenborn: Memorial. Desch Verlag. München 1948, S. 35–42.

S. 87: Heinrich Böll: Anekdote zur Senkung der Arbeitsmoral. Aus: Heinrich Böll: Aufsätze, Kritiken, Reden. Verlag Kiepenheuer & Witsch. Köln, Berlin 1967, S. 464–466.

S. 90: Günter Wallraff: Am Band. Aus: Günter Wallraff: Industriereportagen. Rowohlt Taschenbuchverlag. Reinbek bei Hamburg 1967, S. 7–28.

S. 102: Bertolt Brecht: Die unwürdige Greisin. Aus: Bertolt Brecht: Werkausgabe in 20 Bänden. Band 11. Suhrkamp Verlag. Frankfurt a. M. 1967, S. 315–320.

Bildquellenverzeichnis

Umschlag/S. 1: Mauritius (Nonstock Untitled), Mittenwald.
S. 109: Creativ Collection Verlag GmbH, Freiburg.
S. 112: Erik-Jan Ouwerkerk, Berlin.
S. 113: Tom Körner, Berlin.
S. 128.1: bpk (RMN/René-Gabriel Ojéda), Berlin / © Succession Picasso / VG Bild-Kunst, Bonn 2007.
S. 128.2: bpk (RMN/René-Gabriel Ojéda), Berlin / Musée National Picasso, Paris / © Succession Picasso / VG Bild-Kunst, Bonn 2007.
S. 129.1: AKG, Berlin / © Succession Picasso / VG Bild-Kunst, Bonn 2007.
S. 129.2: AKG (Erich Lessing), Berlin / © Succession Picasso / VG Bild-Kunst, Bonn 2007.
S. 129.3: AKG, Berlin / © Succession Picasso / VG Bild-Kunst, Bonn 2007.
S. 130: Avenue Images GmbH (mauritius images / Brand X Pictures / RF), Hamburg.

Nicht in allen Fällen war es uns möglich, den Rechteinhaber ausfindig zu machen. Berechtigte Ansprüche werden selbstverständlich im Rahmen der üblichen Vereinbarungen abgegolten.